G. F. L. Stanglmeier

Der Fall Nofretete

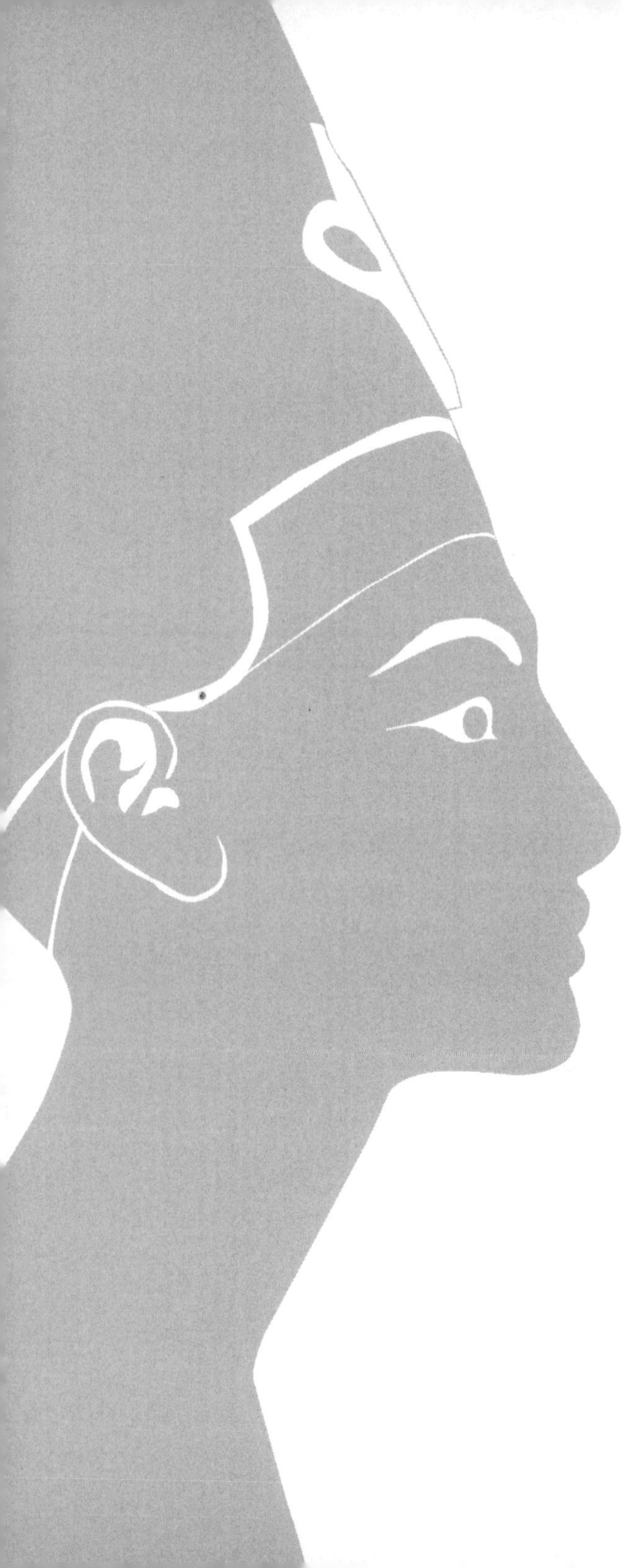

G. F. L. Stanglmeier

Der Fall Nofretete

Die Wahrheit über die Königin vom Nil

Mit 44 Abbildungen

HERBiG

Für Eugen Brass,
meinen Lehrer, Freund und Trauzeugen

MIX
Papier aus verantwortungsvollen Quellen
FSC® C014496

Besuchen Sie uns im Internet unter:
www.herbig-verlag.de

Umschlaggestaltung: Wolfgang Heinzel
Umschlagfoto: Bildarchiv Preußischer Kulturbeseitz, Berlin
Satz: VerlagsService Dr. Helmut Neuberger
& Karl Schaumann GmbH, Heimstetten
Gesetzt aus der 11,25/14,15 Punkt Minion Pro
Druck und Binden: GGP Media GmbH, Pößneck
Printed in Germany
ISBN 978-3-7766-2703-9

Inhalt

II. Teil: Die Königin

Prolog
Geheimsache Nofretete

10. Februar 1946. Die Sensation war perfekt: Nofretete, die altägyptische Königin, ist wieder aufgetaucht, genauer gesagt ihre weltberühmte, rund einen halben Meter hohe Kalksteinbüste. Noch im April des Vorjahres war sie in der von sowjetischen Armeen eingekesselten Nazi-Reichshauptstadt Berlin verwahrt gewesen. Jetzt, ein knappes Jahr danach, zeigte sie sich erstmals neuerlich in der Öffentlichkeit – unversehrt, in Wiesbaden!

Nofretete hatte also das Kriegsende wohlbehalten überstanden. An die hörbaren Erleichterungsseufzer schloss sich jedoch häufig die Frage an: Wie, zum Teufel, war ihr das gelungen? Und vor allem: Wie ist »die Schöne ist gekommen« (so lautet die Übersetzung ihres Namens) von der Spree nach Hessen ins Taunusvorland gelangt?

Es sollten – wie so oft in meinen Büchern – nicht die letzten Fragen sein, die sich mir stellten. Ganz im Gegenteil: Je mehr ich mich mit dem Schicksal Nofretetes befasste, umso mehr Fragezeichen taten sich auf. Die Antworten der Fachwelt darauf klangen (und klingen) ganz seltsam. So hatte ich mir das alles nicht vorgestellt.

Am Ende der Recherchen angelangt, habe ich kaum Material darüber gefunden, wie Nofretetes Lebensweg wirklich war, aber ich hatte Quellen und Dokumente zusammengetragen, die aufzeigen, dass Nofretete nicht nur wohlgeformt und geschminkt, sondern die eigentliche Protagonistin in einer der glanzvollsten Epochen der altägyptischen Historie war.

Nicht im Traum hätte ich mir gedacht, dass Nofretete vielleicht die erste Religionsstifterin der Weltgeschichte gewesen sein könnte. Noch abwegiger erschien es mir zunächst, in ihr eine Militärstrategin zu sehen. Aber zumindest die *Möglichkeit* lässt sich heute nicht mehr leugnen.

Nicht minder geheimnisvoll ist die Geschichte ihrer Büste, deren Auffindung im Wüstensand von Tell el-Amarna sich in diesen Tagen zum hundertsten Male jährt. In der ersten »Retortenstadt« der Architektur arbeitete einst der begnadete Bildhauer Thutmosis. Als die Stadt nach wenigen Jahren aufgegeben wurde, ließ der Künstler neben anderem die heutzutage bekannte »Berliner Büste« zurück. Ob sie lediglich als Objektstudie diente oder ihrer Vollendung entgegenblickte, ist unbekannt und ein wissenschaftlicher Puzzlestein, über den sich die Ägyptologen nicht einig werden. Wie dem auch sei, fest steht: Die Entdeckungsgeschichte der Büste beginnt mit einer Lüge. Und sie wird wahrlich nicht die einzige sein, auf die wir stoßen – vorausgesetzt, Sie, lieber Leser, lassen sich auf das Wagnis ein, Nofretete sowie ihre berühmten Zeitgenossen wie Echnaton und Tutanchamun in einem völlig neuen Licht zu betrachten. Auch aktive Personen der Zeitgeschichte werden so manche fragwürdige Anekdote beisteuern. Das gipfelt in der Überlegung, ob es wirklich nur eine »Berliner Büste« gibt. Da wir (zunächst) davon ausgehen, widmen wir uns zuerst ihrer Entdeckungsgeschichte. Sie ist kurz, aber sehr interessant, weil sie viele Jahre geheim gehalten wurde …

I. Teil
Die Büste

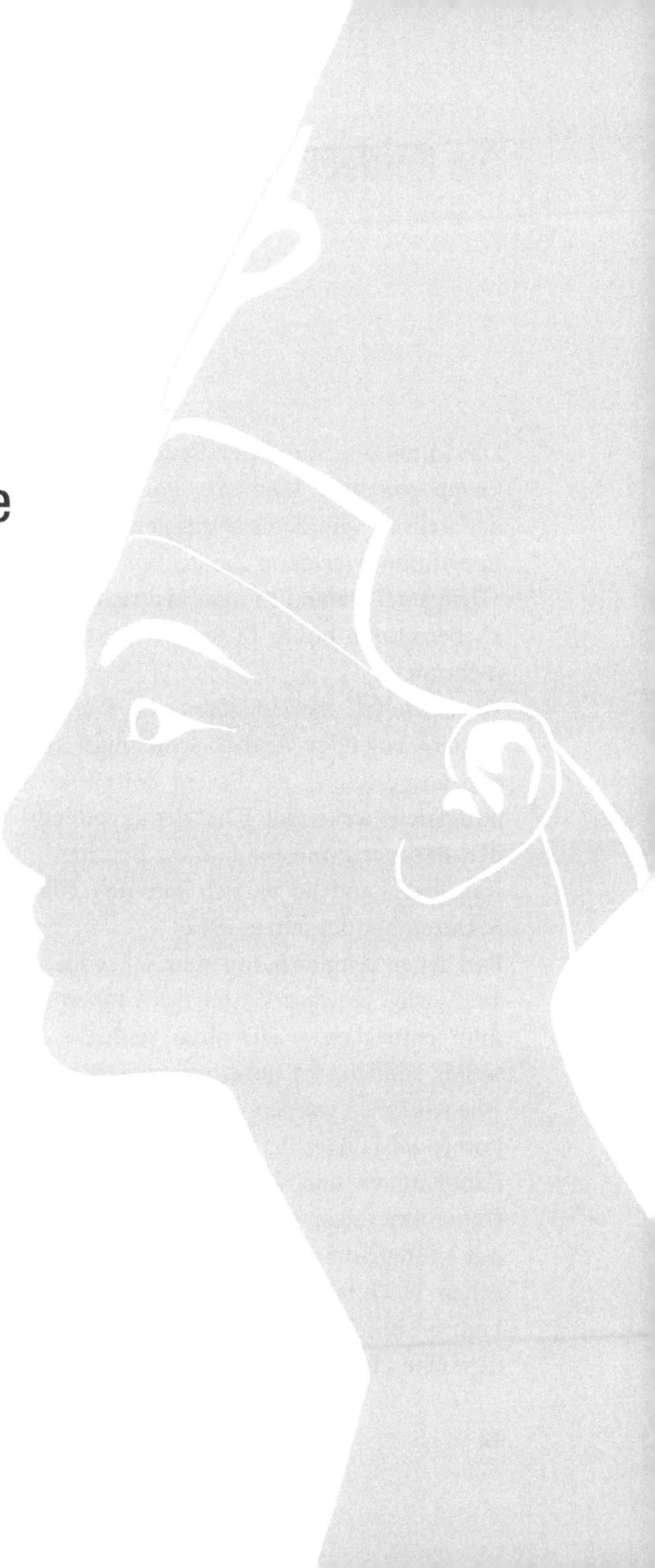

Die Entdeckung

Die Mitteilung war ihrer Bedeutung angemessen kurz und knapp gehalten. Weil von enormer Wichtigkeit, kritzelte der stellvertretende Grabungsleiter der deutschen Amarna-Expedition, Hermann Ranke, nur wenige Worte aufs Papier. »Dringend!«, stand in der Nachricht zu lesen – und weiter: »Lebensgroße bunte Büste im Haus P 47!« Das war alles, mehr nicht.

Die Botschaft, die ein schon von Weitem lautstark »Mister, Mister« rufender Araber schleunigst überbrachte, war an den ausgerechnet zu diesem Zeitpunkt nicht an der Grabungsstelle weilenden Chef des ägyptologischen Suchtrupps, den Berliner Professor Ludwig Borchardt, gerichtet. Gemäß Kalender handelte es sich um den Nikolaustag, also den 6. Dezember des Jahres 1912.

Fast genau zeitgleich, nur zehn Jahre später, am 5. November 1922, wird Howard Carter das Grab von Pharao Tutanchamun entdecken – allerdings mehrere Hundert Kilometer weiter südlich, im geheimnisschwangeren Tal der Könige. Wie wir sehen werden, besteht zwischen Tutanchamun, dem dort (noch) ungestört in einer relativ kleinen Gruft ruhenden Expotentaten und der mit der Kalksteinbüste porträtierten Dame eine bizarre Verbindung, der die Altertumsforscher mit modernsten Untersuchungsmethoden auf den Grund gehen. Doch fahren wir zunächst fort in unserer Geschichte.

Ludwig Borchardt machte sich nach Erhalt der Geheimdepesche umgehend auf den Weg zum Ort des Geschehens.

1 Das Atelier des Bildhauers Thutmosis in Tell el-Amarna.
In diesen Ruinen entdeckte eine deutsche Grabungsexpedition am 6. Dezember 1912 die Büste der Königin Nofretete.

Seit knapp zwei Jahren war sein Team in den Ruinen von Achetaton (übersetzt etwa »Horizont des Aton«), der einstigen altägyptischen Hauptstadt, überaus erfolgreich tätig. Selbstredend wusste der bekannte Archäologe auf den ersten Blick, was ihm seine »Nummer 2«, Hermann Ranke, mit der Nachricht sagen wollte. Das »P« stand für »Planquadrat« und bezog sich auf den Grabungsplan der Archäologen. Dahinter stand eine Zahl. Die »47« kennzeichnete das betreffende Grabungsareal. Dort war man direkt an der Grenzlinie zum 48. Quadranten auf das Haus des Oberbildhauers Thutmosis gestoßen – inklusive zugehöriger Bildhauerwerkstatt.
Und hier hatte der Vorarbeiter Mohammed bei der Schuttbeseitigung seine große Stunde. Dank seiner Aufmerksamkeit und Vorsicht entdeckte er, dass aus dem Abraum ein fleischfarbener Hals herausragte. Sofort stellte er die Räumarbeit ein und informierte seine Vorgesetzten. Ranke verfasste daraufhin das eingangs erwähnte Schreiben an Borchardt. Der eilte

zum Fundplatz und begann vorsichtig, den Schutt eigenhändig zu entfernen.

Die Spannung war zum Greifen nah: Konnte man anfänglich nur das Halsstück erkennen, kamen in den darauf folgenden Minuten mehr und mehr Details der Büste ans Tageslicht. Der Nofretete-Biograf Philipp Vandenberg beschrieb, wie es nun weiterging: »Das Gesicht der Plastik war noch immer nicht zu sehen, denn die Büste lag mit dem Kopf nach unten und mit zur Wand gekehrtem Gesicht im Schutt.«

Ranke und Mohammed müssen die nächsten Minuten wie Stunden vorgekommen sein, denn die Freilegung der Büste dauerte an. Nur nervtötend langsam wurden auch die Gesichtskonturen des bearbeiteten Kalksteinblocks erkennbar. Dann aber war klar: Es handelte sich um das realistische Abbildung einer altägyptischen Königin. Erst jetzt ordnete Ludwig Borchardt die Bergung des Fundes an. So vorsichtig wie nur möglich, wuchteten der Chef, Mohammed und Ranke den rund 20 Kilogramm schweren behauenen Stein an die Oberfläche.

Borchardt hielt den Moment später in seinem Tagebuch fest: »(…) Dann wurde die bunte Büste erst herausgehoben und wir hatten das lebensvollste ägyptische Kunstwerk in Händen. Es war fast vollständig, nur die Ohren waren bestoßen und im linken Auge fehlte die Einlage.«

Unter Tageslicht besehen, betörte und bezauberte das Kunstwerk seine Betrachter endgültig. Die Lebensgröße der Skulptur, die fast vollständige Unversehrtheit des Gesichts und nicht zuletzt die Frische der Farben machten das Abbild zu einem in der Kunst- und Kulturgeschichte unvergleichlichen Fundstück – und zu einem Objekt, das augenblicklich die Besitzgier der Deutschen weckte. Das ergibt sich allein schon aus der geschilderten Bergungsgeschichte.

So, wie sie hier skizzenhaft wiedergegeben wurde, hat sie sich jedenfalls mit Sicherheit *nicht* zugetragen. Erinnern wir uns:

2 Die Büste der Nofretete. Einen knappen halben Meter hoch, gut 20 Kilogramm schwer, gehört sie zu den bedeutendsten Kunstwerken der Menschheitsgeschichte.

Rankes Mitteilung lautete »Lebensgroße bunte Büste im Haus P 47!«. Woher, so fragt man sich, will Hermann Ranke diese Information bezogen haben? Immerhin ragte nach eigenem Bekunden lediglich eine kleine Halspartie aus dem Schutt. Das Antlitz gleichwohl, nebst dem größten Teil der fremdartig wirkenden Krone, blieb bis zum Eintreffen Borchardts im Abraum verborgen. Demnach war bis zur vollständigen Freilegung des Unikats allenfalls zu mutmaßen, was der gewissenhafte Mohammed im Haus P 47 zufällig aufgespürt hatte.

Borchardt beschmutzt die Königin

Die Preußen spielten auch weiterhin mit gezinkten Karten. Die Erklärung für dieses wenig noble Verhalten fällt leicht. Ganz im Geiste des damals herrschenden Hegemonialstrebens (bis zum Ausbruch des Ersten Weltkriegs sollte es nicht einmal mehr zwei Jahre dauern), kam alsbald die Frage auf, wie man die Büste aus Amarna »legal« nach Deutschland verfrachten könne. Denn eines war den Mitarbeitern der *Deutschen Orient-Gesellschaft* sofort bewusst. Auf legalem Wege würden es die zuständigen Behörden niemals gestatten, dass die Büste außer Landes gebracht würde. Deshalb war guter Rat mehr als teuer. Hatten die Berliner doch zur Erlangung der Grabungslizenz für Tell el-Amarna – wie alle anderen Expeditionen – schriftlich zusichern müssen, die Regeln zur Fundteilung penibel einzuhalten. Aufgestellt hatten diese Regeln die Franzosen, die als Teil-Kolonialherren Ägyptens (und damals innige Gegner des Deutschen Kaiserreiches) einer Ausfuhr der Büste unter keinen Umständen zustimmen würden.

Den ersten Gedanken, das Objekt heimlich außer Landes zu bringen, hat man, falls man ihn je gehegt haben sollte, sofort verworfen. Im Falle der Entdeckung des Diebesgutes hätte das Ansehen Deutschlands schwersten Schaden genommen – eine Blamage, die Borchardt und Ranke in der Heimat sprichwörtlich Kopf und Kragen gekostet hätte. Illegaler Antikenschmuggel kam also nicht infrage. Doch die Deutschen waren recht findig und verfielen auf eine List. Wie aus alten Quellen hervorgeht, haben die Ausgräber die Büste der namentlich noch nicht bekannten Amarna-Königin mit Erde beschmiert und bei der Fundpräsentation in einer hinteren Ecke lieblos abgestellt. Sämtliche für die Franzosen eher lukrativen Stücke, ließ Borchardt als Blickfang für die Teilungskommission aufbauen.

Die Täuschung gelang – ganz legal, ohne irgendeine Bestimmungsverletzung. Damit war der Weg für Nofretete frei für die Reise nach Berlin. Natürlich war der Coup, und das wussten allen voran die Ausgräber selbst, anrüchig. Deshalb posaunten sie ihren Fund auch nicht hinaus in die Welt, sondern übergaben die Büste dem Finanzier ihrer Exkursion, dem gut betuchten Sammler und Sponsor James Simon. Die Berliner Bevölkerung erfuhr dagegen kein Sterbenswörtchen von der Ankunft der Büste in ihrer künftigen Heimat.

3 Der erfolgreiche Geschäftsmann James Simon. Er finanzierte die denkwürdige Amarna-Expedition der *Deutschen Orient-Gesellschaft.*

Doch eine Ausnahme gab es selbstverständlich: Dem deutschen Kaiser Wilhelm II. wurde sie selbstredend feierlich vorgezeigt. Der wiederum beglückwünschte die Borchardt-Gruppe herzlich. Ob der Kaiser zu diesem Zeitpunkt bereits über den Trick der Archäologen in Kenntnis gesetzt worden war, ist unbekannt. Jedenfalls scheint in jenen Tagen das Wort »Vertraulichkeit« noch einen gewissen Wert dargestellt zu haben. Immerhin beschwerte sich niemand öffentlich, dass bei der großen Amarna-Ausstellung 1913 stolz sämtliche von Borchardts Team ausgegrabenen Exponate zu sehen waren – bis auf die Büste, die im Keller verblieb. Das schlechte Gewissen scheint eben doch arg gedrückt zu haben …

Die Geheimhaltung gab man erst 1920 auf, als Mäzen Simon die Büste dem Staat übereignete. Aber selbst von diesem Augenblick an dauerte es rund ein halbes Jahrzehnt, bis Interessierte den Kopf in der Hauptstadt besichtigen konnten. Und seit dieser Zeit ist Feuer unterm Dach!

Zahi Hawass – Jäger der (geklauten?) Büste

In schöner Unregelmäßigkeit forderte seitdem die jeweilige ägyptische Regierung: Nofretete soll nach Hause. Besonders der heftig umstrittene Ex-Antikendirektor und ehemalige Minister für ägyptische Altertümer, Zahi Hawass, sorgte bei diesem Thema wiederkehrend für unfreundliche Schlagzeilen in den Medien. Fast im Zwei-Jahres-Rhythmus meldete er sich offiziell bei den zuständigen, aber auch bei nicht zuständigen deutschen Politik-Instanzen und brachte die »Painted Queen« ins Gespräch. Für die deutsch-ägyptischen Beziehungen war und ist das, wie man sich unschwer vorstellen kann, wenig förderlich. Dabei hatte es – was heute kaum mehr geläufig ist – bereits in den 1920er- und 1930er-

Jahren durchaus Übereinkünfte zur Beilegung der Spannungen gegeben. Sie kamen zustande, nachdem die Königin erstmals für die breite Bevölkerung zur Besichtigung ausgestellt worden war. Das Echo war enorm gewesen! Im Sog der erst zwei Jahre zurückliegenden Tutanchamun-Auffindung im Tal der Könige lag Nofretete genau im Trend der »Roaring Twenties«. Treffend beschreibt die Ägyptologin Joyce Tyldesley den Zeitgeist jener Epoche: »Die Ägyptologie war im Nachkriegseuropa gerade groß in Mode. Nofretete, mit ihrer klaren, fast modernen Schönheit, passte genau ins Bild und wurde bald zum Starexponat des Museums.«
Der ägyptische Staat reagierte prompt. Um Nofretete heimzuholen, griffen die Ägypter zu drakonischen Maßnahmen. Zuerst erhoben sie auf diplomatischem Wege erstmalig ihre Forderung auf Rückgabe von Thutmosis' unvergleichlichem Kunstwerk. Schließlich gipfelten Kairos Maßnahmen in der strikten Anweisung, sofort sämtliche deutschen Ausgrabungen auf ägyptischem Boden einzustellen. Das rüde Vorgehen nebst den stringenten Anordnungen verfehlte bei den deutschen Altertumsforschern ihre Wirkung nicht, denn das war ein herber Schlag für die sehr angesehene deutschsprachige Ägyptologie.
Entsprechend kooperativ zeigte man sich deshalb letztendlich in Berlin. Schließlich kam es zu einer Vereinbarung, die es beiden Seiten gestattete, das Gesicht bei dem Schacher zu wahren. Nofretete sollte zurückkehren an den Nil. Im Gegenzug würden die Ägypter der Stiftung eine Statue und eine Sitzstatue überlassen – beide von ebenfalls hohem künstlerischem Wert.
Doch die Verhandlungspartner hatten die Rechnung ohne die Berliner Bevölkerung gemacht. Denn kaum war man handelseinig geworden, regte sich auch schon der heftige Protest der Öffentlichkeit, den Adolf Hitler nur allzu gerne aufgriff, war er doch selbst ein glühender Verehrer der könig

lichen Büste. Widerwillig mussten die Verhandlungsseiten den erzielten Kompromiss widerrufen.
Im Grunde genommen ist das auch heute noch der Stand der Dinge. Nofretete steht unter der Inventarnummer E 21300 wieder im Neuen Museum zu Berlin, das der Ägyptologe Dr. Dietrich Wildung hervorragend ausgestaltet und eingerichtet hat. Und wie seinerzeit, vor rund 75 Jahren, bilden sich auch heute noch fast täglich vor dem Museum lange Warteschlangen mit Menschen aus aller Herren Länder, die sämtlich nur von einem Wunsch beseelt sind: das Antlitz der Schönen vom Nil betrachten zu können. Dafür nehmen sie gerne auch stundenlange Wartezeiten in Kauf. So war es schon immer, seit Nofretete ihre neue Heimat an der Spree fand.

Flucht oder Entführung?

Zur Ruhe kam die »Berliner Königin Nr. E 21300« dennoch nicht. Nofretete war nach Tutanchamun binnen kürzester Frist zum Liebling der Massen avanciert. Dagegen war in Kairo die Enttäuschung über das aufgekündigte Tauschabkommen zunächst groß.

Doch unverzagt nahmen die Ägypter nach geraumer Zeit einen weiteren Anlauf. 1933, anlässlich der Inthronisierung König Fuads, wurden neuerliche Kontakte auf politischer Ebene geknüpft. Aber auch sie waren nicht zielführend. Der Grund war simpel: In Berlin hatte die Diktatur die Monarchie abgelöst. Nunmehr stand Adolf Hitler an der Spitze der Machtpyramide – und intervenierte gegen ein neues Abkommen. Mit Erfolg. Auf das »Warum nur« gibt es eine einleuchtende Antwort. »Der Führer«, wie er sich rufen ließ, zählte die Frauenbüste angeblich zu seinen Lieblingskunstwerken – so jedenfalls lautet der Tenor der diesbezüglich aus Ägyptologenkreisen zu erhaltenen Informationen. Auch unter Kunsthistorikern ist diese Annahme weit verbreitet und »hoffähig«.

Und dann brach der Zweite Weltkrieg aus. Ab dem Frühjahr 1940 flogen Kampfflugzeuge der Royal Air Force erste Bombenangriffe auf die Reichshauptstadt – das Abbild der Königin geriet dadurch in höchste Gefahr. Sicherheitshalber hatten die umsichtigen Altertumswissenschaftler das Portrait der Königin bereits aus dem Berliner Museum entfernt und in einen Tresor der Reichsbank verfrachtet. Das dunkle, so

4 Mehr als nur eine künstlerische Collage: Auch im Fall Nofretete offenbarte Hitler seine Borniertheit.

gar nicht majestätische Lager der Büste war nichts anderes als eine Holzkiste, welche die Registraturnummer 28 erhielt. Ob Nofretete ahnte, dass sie sich bereits mitten in einer Odyssee befand, die nicht mehr zu enden schien? Nächste Station war – noch immer in Berlin – der legendäre Flakturm Nummer 5 am Zoo. Hier gewährte ihr der »Saal N11« Schutz und Unterbringung.

Und jetzt wird die Irrfahrt gleichermaßen spannend wie mysteriös: Im März 1945, das Kriegsende war absehbar, wurde Nofretete noch einmal verladen. Sie sollte im Verbund mit weiteren Kostbarkeiten quasi auf dem letzten frei gehaltenen Weg aus Berlin abtransportiert werden – welch ein Wahnsinn angesichts der totalen alliierten Luftüberlegenheit! Doch wider Erwarten erreichte der Nofretete-Konvoi seinen Bestimmungsort, ein Salzbergwerk bei Merkers (Thüringen), schadlos, und das sogar im vorgesehenen Zeitrahmen.

Die gelungene Nofretete-Evakuierung zählt fraglos zu den größten Rätseln der noch relativ jungen Wissenschaftsdisziplin Ägyptologie. Es war in den letzten Tagen des Nazi-Regimes praktisch unmöglich, den Rotten gegnerischer Jagdflugzeuge zu entgehen oder am Boden nicht von den Truppen der Anti-Nazi-Koalition gestellt und zumindest festgesetzt zu werden. Allein Nofretete blieb unversehrt.

Man hat lange Zeit keine Erklärung für dieses unglaubliche Glück gefunden. Recherchen jüngeren Datums aber werfen ein völlig neues Licht auf den »Nofretete-Wagenzug«. Demnach war die Mission kein aus der Not geborener Fluchtversuch in einer konkreten Gefahrensituation. Vielmehr hat es nach Informationen der ZDF-Sendung *Original und Fälschung* aus der Reihe *Terra X* ein – buchstäblich – frontenübergreifendes Zusammenwirken von Amerikanern, Deutschen und mutmaßlich auch sowjetischen Verantwortlichen gegeben, um die Königinnenbüste vor der Vernichtung zu bewahren. Sogar in zeitlicher Hinsicht scheint der Abtransport Nofretetes minutiös geplant worden zu sein. Jedenfalls waren am Himmel keine Jagdmaschinen zu erspähen und auch die offensichtlich abgestimmten Routen wurden mit einer generellen Feuerpause kurzzeitig passierbar gemacht.

Wann und wie wurde diese einzigartige konzertierte Aktion ersonnen, geplant und vorbereitet? Wer war beteiligt an dem Unternehmen, das eine logistische und strategische Meisterleistung darstellt? 1981 kam Bewegung in die Frage. In jenem Jahr erschien plötzlich ein geheimnisvoller Fremder in Berlin und suchte dort Kontakt zu den Verantwortlichen für die ägyptische Sammlung.

Seine Vorstellung war denkbar knapp gehalten: Er heiße Edzard Folkers und sei die Person, die im April 1945 Order gegeben habe, die steinerne Nofretete aus dem Flakturm am Zoo auszulagern und Richtung Westen, nach Merkers zu verbringen. War also Folkers der ominöse Stratege? Selbst heute kann man diese Frage nur mit einem »Jein« beantworten. Doch so viel lässt sich feststellen: Nach dem aktuellen Stand

der Dinge zu urteilen, wohl eher *nicht*, denn es existieren geradezu diametrale Aussagen und Aufzeichnungen, die ein anderes Szenario (mindestens!) genauso plausibel erscheinen lassen.
Zum Beispiel die Dokumente von Dr. Klaus Goldmann, einem ehemaligen Mitarbeiter der *Stiftung Preußischer Kulturbesitz* und gleichzeitig ausgewiesenen Experten für die Verlagerungshistorie der Büste. Goldmann war im Besitz von Listen, aus denen klar hervorgeht, dass der Transport bereits einige Tage *vor* dem von Folkers genannten Datum durchgeführt worden ist.

Widersprüche ohne Ende – Zufall oder Absicht?

Allmählich fragt man sich, was hinter der ganzen Angelegenheit steckt. Wollte Hitler »seine« Nofretete in Sicherheit wissen? Oder gab es Kollaborateure, die sich durch den Diebstahl des Exponats Vorteile erhofften? Oder sind diese Erzählungen lediglich Teile in einem Vertuschungspuzzle, die dazu beitragen sollen, die wahren Hintergründe des Unternehmens zu verschleiern? Falls dem tatsächlich so ist, kann man nur anerkennend und gleichzeitig frustriert feststellen, dass das Vorhaben hervorragend in die Tat umgesetzt wurde, denn es kursiert sogar noch eine dritte Variante von der Rettung Nofretetes.
Danach – man höre und staune – gibt es mehrere Schilderungen, die besagen, dass Nofretete noch am 4. oder 5. April 1945 im Flakturm am Zoo gesehen wurde – so jedenfalls gibt es der gewöhnlich gut unterrichtete Kunstsachverständige Cay Friemuth in seinem Buch *Geraubte Kunst* an – und zwar geschützt hinter dickem Panzerglas, wie es in einer anderen Information ergänzend dazu heißt. Betrachtet man alle drei Varianten zusammen, bleibt als Schnittmenge kaum mehr als lediglich das Ziel übrig: die Mine Merkers in Thüringen.

5 Blick auf den Berliner Flakbunker Nr. 5 am Großen Tiergarten. Hier fand Nofretete mutmaßlich Schutz vor alliierten Luftangriffen und Kanonenbombardements.

Irgendwann auf dieser Fahrt ins Irgendwo hatte die Büste gefährliche Momente zu überstehen. Jedenfalls war sie in der Kiste, in der sie die Reise angetreten hatte, nicht auffindbar – die war nämlich leer, als man sie in Thüringen öffnete. Jemand musste also während der Fahrt eine günstige Gelegenheit gefunden haben, unbemerkt das antike Objekt zu inspizieren. Absicht oder Zufall? Fakt ist nur: Als der Konvoi seinen Bestimmungsort Merkers erreicht, fällt bei der Eingangsüberprüfung auf, dass »Behältnis 35« abgängig ist. Darin eingepackt waren ausgerechnet sämtliche Goldobjekte der Sammlung des Berliner Ägyptischen Museums. Bis heute sind die Pretiosen spurlos verschwunden.

Und wo war Nofretete abgeblieben? Sie war ebenfalls mit dem Konvoi angekommen. Allerdings nicht im Transportkasten mit der »Signatur 28«, in den sie verpackt worden war, sondern im »Container 34«. Wie sie da hineingekommen ist, ließ sich auch in all den folgenden Jahren nicht eruieren.

Wieso aber konnte dieses Durcheinander überhaupt entstehen?* Mit der oft verwendeten Umschreibung, das lag an den »Kriegswirren«, ist es sicher nicht getan.
Den steinernen Nofretete-Kopf interessierte das alles herzlich wenig. Die Büste hatte ganz andere Sorgen. Sollte sie etwa in dem feuchten Bergwerk zerbrechen oder gar zerfallen? Was für ein tragödienhaftes Schicksal wäre das: dem heißen und schützenden Sand Ägyptens entnommen, nur um wenige Jahre darauf in einer kalten, feuchten Mine irgendwo in einem fremden Land der langsamen, aber unaufhaltbaren Zersetzung anheimzufallen.
Doch dazu kam es nicht, wie wir wissen. Es sind Einheiten der 3. US-Armee, die nach ihrem opferreichen Gang von der Normandie bis Merkers sofort die in der Kali-Grube eingelagerten Schätze, darunter auch den Nofretete-Kopf, »übernahmen«. Letzterer wurde am 17. April 1945 abtransportiert. Das neue Ziel war der nächstgelegene sogenannte *Central Collecting Point* in Wiesbaden, eine von den Amerikanern eigens eingerichtete Sammelstelle für aufgefundene Kulturgüter. Diese Angaben lassen sich indirekt durch den vormaligen Besitzer der Büste und noch immer nicht besiegten Gegner verifizieren. Kein Geringerer als Reichspropagandaminister Joseph Goebbels hat nämlich in seinen Unterlagen festgehalten: »Unsere gesamten Goldreserven sind in die Hände der Amerikaner gefallen. Dazu noch ungeheure Kunstschätze – darunter die Nofretete.«
Es ist müßig zu betonen, dass die Schönheit vom Nil alsbald auch am Rhein den Ton angab – öffentlich wie inoffiziell. Tatsächlich tobte kurz nach ihrem Eintreffen in Wiesbaden

---

* Sämtliche Angaben über Registraturnummern oder Inhalte der Behältnisse sind mit großer Skepsis zu betrachten. Je mehr man versucht, in diesem »Nummern-Dschungel« der Wahrheit auf die Spur zu kommen, umso fragwürdiger werden die Angaben. Auch Datumsangaben sind mit der notwendigen Vorsicht zu genießen.

6 Der spätere US-Präsident Dwight D. Eisenhower in der Mine Merkers beim Betrachten einiger der dort eingelagerten Kunstschätze. In dem Versteck fand man auch die antike ägyptische Büste der Königin vom Nil.

neuerlich eine Diplomatenschlacht über den zukünftigen Verbleib der Büste, denn Ägyptens Regierung hatte die Skulptur nie »abgeschrieben«.

Wenn auch nur zum Verzweifeln zögerlich normalisierte sich in der Folgezeit das Leben in Deutschland wieder. Man war froh und dankbar für jede positive Ablenkung vom traurigen, ungewissen und hungerreichen Alltag. Mitten hinein in diese Atmosphäre der Hoffnungslosigkeit setzten die US-amerikanischen Besatzer ein Zeichen. Am 10. Februar 1946 eröffnen sie in Wiesbaden eine Kunstausstellung. Nofretete mag sich an die Amarna-Zeit erinnert gefühlt haben, als sie in der Mitte eines der Ausstellungssäle als alleiniges Exponat thronte. Und wieder strömten die Menschen zu ihr – trotz der Strapazen, die damit für sie verbunden waren, und trotz bitterer Kälte.

Hoffen und Bangen oder: Nofretete macht Politik

Nur 48 Stunden nach Ausstellungsbeginn ging im US-Außenministerium prompt ein förmliches Auslieferungsersuchen der Ägypter ein. Anfänglich überlegten die Vereinigten Staaten ernsthaft, ob sie Kairos Begehren entsprechen sollten. Doch wieder einmal wurde die Realpolitik von der Realität überrollt. Dazu Cay Friemuth: Es sei beabsichtigt gewesen, »die Büste vor ihrer endgültigen Rückkehr nach Ägypten für zwei Monate im Metropolitan Museum (in New York/Anm. d. Verf.) auszustellen. Aber zu diesem Zeitpunkt haben die Befürworter der Kunstreparationen in der US-Administration vor dem unerwartet heftigen Widerstand aus dem In- und Ausland bereits kapituliert.« Damit war klar: Nofretete würde weiterhin in Deutschland ihr Dasein fristen.
Weiter unklar war hingegen, wo in Deutschland sie sich künftig ihren Besuchern zeigen sollte. Schließlich kam man überein: Nofretete sollte wieder zurück an die Spree. Bis es so weit war, sollte aber noch ein Jahrzehnt ins Land gehen, denn Nofretetes ursprüngliche Residenz auf der Museumsinsel war zu 70 Prozent zerstört. Erst am 22. Juni 1956 sah sie Berlin wieder und gar erst im Oktober 2009 erhielt sie ihren angestammten Platz zurück.
Somit hätte die mysteriöse Geschichte ein gutes Ende gefunden, hätten da nicht von Anfang an die nagenden Zweifel, Andeutungen und Gerüchte über ihre Echtheit kursiert. Original oder Fälschung? – diese Frage ist noch immer unbeantwortet.

Die Rettung

Um es gleich vorwegzunehmen: Kopien der Nofretete-Büste gab und gibt es. Aber selbstverständlich sind hier nicht die kitschigen Ramschanfertigungen gemeint, sondern es geht um hochwertige Abbilder, die vom Original optisch nur schwer oder gar nicht zu unterscheiden sind. Diese künstlerisch ausgesprochen anspruchsvollen Objekte nennt man »Mutterkopien«. Sie sind so exakt, dass sie als Vorbild für weitere Kopien dienen oder aber als »gefälschte Originale« betrachtet werden. Handelt es sich bei dem Berliner Exponat etwa um eine derartige Fälschung?

Im speziellen Falle der aus Amarna stammenden Königinnenbüste aus der Werkstatt des Bildhauers Thutmosis ist uns heute mindestens eine Mutterkopie bekannt. Von dieser ebenfalls in Stein gemeißelten Replik existieren sogar alte Fotografien. Unter »alt« hat man hier ungefähr die Nazi-Epoche, also die Zeit von 1933 bis 1945, zu verstehen. Zur besseren Unterscheidung sei sie »Mutterkopie I« genannt.

Der bereits im vorausgegangenen Kapitel zitierte Cay Friemuth schreibt im Hinblick auf diese »Zwillingsbüste«: »Während des Dritten Reiches soll Hitler zur Täuschung der ägyptischen Regierung eine Kopie der Büste in Auftrag gegeben haben.« Handelt es sich dabei um jene fotografisch belegte Mutterkopie I, deren Auftraggeber mutmaßlich der deutsche Diktator gewesen ist oder gewesen sein soll? Oder wird hier eine »Mutterkopie II« erwähnt? Die Frage ist auch 2012 nicht zu beantworten.

Das Verwirrspiel geht weiter: Welche Büste wurde nach Merkers transporiert? Das Original oder eine der beiden Mutterkopien, falls es zwei gab? Und erinnern wir uns an Edzard Folkers, der Stein und Bein geschworen hat, er habe den Kalksteinblock noch am 4. oder 5. April 1945 im »Flakturm Zoo« zu Gesicht bekommen. Falls die von Folkers diesbezüglich abgegebene eidesstattliche Versicherung der Wahrheit entsprechen sollte, stellt sich die Frage, welche Büste er sah – das Original oder nur eine der Kopien? Was für ein Wirrwarr, was für ein Irrsinn!

Wir könnten das Spiel durchaus noch um einige Varianten bereichern. Den »Gordischen Knoten« zu lösen muss sich indes dagegen wie ein Kinderspiel ausnehmen. Zumal, wie Friemuth zutreffend schreibt, »nach dem Zweiten Weltkrieg (…) mehrfach Zweifel geäußert« wurden, dass das in Merkers aufgefundene Teil tatsächlich die echte Amarna-Herrscherin darstellt.

Der Disput hält an bis in unsere Tage. Allerdings lichten sich die Reihen der Fälschungsanhänger in den letzten Jahren doch beträchtlich – existieren anscheinend schlussendlich doch zu wenig Fakten, die diese dunklen Tage bei Kriegsende heute noch erhellen könnten.

Aber längst nicht alle Fälschungstheoretiker sind »bekehrt«. Manche von ihnen gehen sogar noch einen Schritt weiter. Zu ihnen gehört der Schweizer Kunsthistoriker Henri Stierlin. Er bezeichnet Nofretete als glatte Fälschung. Nicht 3400 Jahre alt sei demnach die »Painted Queen«, sondern erst 1912 überhaupt geschaffen worden.

Nofretete ein Meisterwerk der Fälschung? Das ließ aufhorchen. Verständlicherweise vor allem den damaligen Leiter der Berliner Fakultät für Ägyptologie, Prof. Dr. Dietrich Wildung. Überheblich giftete er in der *Berliner Zeitung*: »Ich kenne die Ideen des Herrn Stierlin seit 1982. Jetzt hat er also einen Verlag gefunden? Schön für uns. Denn nichts ist schöner als ein werbeträchtiger Skandal um eine schöne Frau.« Und der Professor legte noch eine Schippe nach, indem er zynisch fortfuhr: »Aber mal im Ernst: Zu behaupten, wir würden seit Jahrzehnten eine Fälschung ausstellen, ist so, als würde sich plötzlich herausstellen, dass das Brandenburger Tor aus Styropor ist.«

Hier offenbart Professor Wildung neuerlich Erinnerungslücken. Tatsächlich hatte ihm schon vor Jahren ein ehemaliger Mitarbeiter, der Ägyptologe Rolf Krauss, vorgeworfen, von Wildung expertierte Fundstücke aus der Amarna-Epoche, also der Zeit Nofretetes, seien in Wahrheit Fälschungen, für die Wildung hohe Beträge hatte fließen lassen, um sie für das Museum zu erwerben.

Henri Stierlin blieb von dem arroganten Gerede Wildungs herzlich unbeeindruckt, war er doch nicht der Erste, der diese Gedanken hegte. In dieser Hinsicht lief ihm – man will es nicht wahrhaben – ein gewisser Dietrich Wildung nämlich bereits etliche Jahre zuvor den Rang ab. Aber das war natürlich zu jenen Zeiten, als Dr. Wildung noch die Leitung innehatte über das ägyptologische Seminar in München in der geschichtsträchtigen Meiserstraße 10 (dort wurde am 29.09.1938 das sogenannte »Münchener Abkommen« ausgehandelt).

Ungefähr mit seinem Wechsel nach Berlin wechselte der Professor ebenfalls seine Meinung über die Echtheit der Büste. Flugs sah auch er in der Plastik ein zeitgenössisches Abbild der Nofretete.

»CT-Didi« und das Geheimnis der Büste

Der umstrittene Leiter der Berliner Fakultät ließ es aber nicht bei Phrasen bewenden. Vielmehr machte sich der Ägyptologe als einer der Ersten im Bereich der Archäologie die Anwendung der noch relativ jungen Technik der Computertomo-

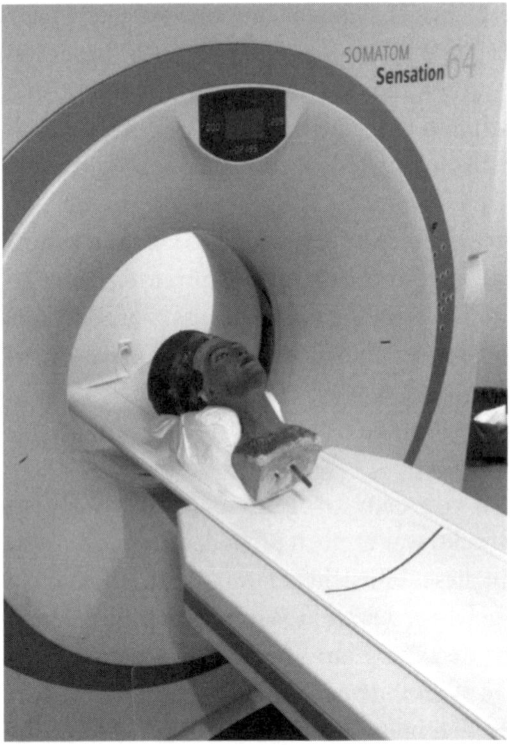

7 Nofretete – fürsorglich gelagert – während der Untersuchung im Computertomografen (CT).

grafie zunutze. 1992 ließ er Nofretete erstmalig durchleuchten – mit durchschlagendem Erfolg! Wildung konnte nämlich eine kleine Sensation mitteilen: Auf den Schnittbildern offenbarte sich ein Kern. Dieser Kern konnte seinerzeit als wahrscheinlich zweites Abbild der Amarna-Königin identifiziert werden.
15 Jahre später war die Technik derart fortgeschritten, dass eine neuerliche Untersuchung des Kopfes weiterführende Erkenntnisse erwarten ließ. Wildung dazu im Jahr 2007: »Mich hat schon immer interessiert, welches Geheimnis Nofretete in sich birgt.« Das Geheimnis der Nofretete ist, dass sich unter dem Gipsmantel ein zweites Gesicht der Nofretete verbirgt.

8 Einige der mittels CT-Untersuchungen gewonnenen Fotos der »Berliner Büste«. Im Rahmen der Analysen kam auch Überraschendes zutage.

»Das Portrait, das der Kalksteinkern abbildet«, äußerte Professor Wildung ergänzend, »ist nicht sehr charakteristisch. Die Büste selbst wirkt individueller, hat faszinierende Gesichtszüge.« So weit Wildung, der seit dieser Verfahrensnutzung von einigen Kollegen – durchaus anerkennend und wohlwollend gemeint – »CT-Didi« genannt wird.
In dasselbe Horn wie Professor Wildung stieß in einem Interview André Wiese, Kurator am Antikenmuseum in Basel. Er rief einen Fakt ins Gedächtnis zurück, der in der ganzen Fälschungsdiskussion oft übersehen wird: Neben der Nofretete-Büste wurde nämlich noch eine zweite Skulptur entdeckt, die dem Königinnenkopf auffällig ähnlich ist. Daraus schlussfolgerte der Schweizer Wissenschaftler, dass man, um

das Nofretete-Abbild zu fälschen, *vorher* den zweiten Kopf hätte kennen müssen, denn dabei handelt es sich um keinen Geringeren als Pharao Echnaton, den Gatten der Nofretete. Da das Echnaton-Abbild aber noch nicht gefunden war, war folglich auch eine Kopierung schlechterdings nicht möglich. Diese Tatsache entbehrt nicht einer gewissen Logik.
Hinzu kommt: Hätte sich bei einer Fälschung wohl jemand der Mühe unterzogen, in die Fälschung eine zweite einzuarbeiten? Diese Variante sieht der Verfasser als geradezu astronomisch gering an.
Nach Abwägung sämtlicher Ergebnisse, sowohl der technisch gewonnenen als auch der analytisch erarbeiteten, kann man deshalb ruhigen Gewissens davon ausgehen, dass die heute im Berliner Neuen Museum zu bewundernde Dame tatsächlich »the world's first top model« darstellt – Nofretete.

Das letzte ungelöste Rätsel: Wer waren Nofretetes Retter?

Das Rätsel um Nofretetes Verschwinden aus Berlin während der letzten Kriegsphase ist bis heute nicht gelöst. Wollte der »Führer« Nofretete in Sicherheit wissen? Es stellt sich die Frage, ob Adolf Hitler in dem düsteren Untergangsszenario im März 1945 überhaupt der Aufwand zur Sicherung des Kunstwerks wert war.
Zumindest war die Büste auch in den letzten Tagen des »Tausendjährigen Reichs« noch ein Thema. Das belegt jedenfalls die bereits zitierte Goebbels-Bemerkung. Und wir können sogar davon ausgehen, dass Nofretete dem »Führer« besonders am künstlerischen Herzen lag. Wie auch will man anders interpretieren, dass Hitler beabsichtigte, in seiner künftigen Wahnhauptstadt *Germania* Nofretete einen eigenen Saal zukommen zu lassen. Bereits 1933 hatte der Reichskanzler

in einer Rede unmissverständlich geäußert: »Ich werde den Kopf der Königin niemals aufgeben. Er ist ein Meisterwerk, ein Juwel, ein wahrer Schatz«, und strikt die Rückgabe untersagt.

Andererseits stellt sich die Frage, ob der Diktator 1945 überhaupt noch die Macht besaß, Nofretete aus dem bereits umklammerten Berlin herausbringen zu lassen. Und genau da liegt der Hase im Pfeffer. Ein Transport bei Tage wäre unter normalen Umständen nie an sein Ziel gelangt. Und selbst eine Reise bei Dunkelheit kam angesichts des bereits engmaschigen Militärnetzes der alliierten Einheiten einem Ritt auf dem Pulverfass gleich. Persönliche internationale Kontakte (vor allem dergestaltige mit entsprechendem Einfluss), die den sicheren Transport der Schönheit vom Nil hätten gewährleisten können, hatte Hitler kaum, und falls doch, waren sie vom Bunker aus nicht mehr erreichbar. Hitler müsste das eigentlich klar gewesen sein. Dennoch wird auch heute noch kolportiert, er habe persönlich den Befehl zum Abtransport des Kopfes erteilt.

Fakt ist aber auch, wie wir bereits wissen, dass die ägyptische Büste »problemlos« durch eine Art Korridor geschleust wurde und letztlich wohlbehalten in Thüringen eintraf. Damit stellt sich also die Frage, wenn nicht der Nazi-Bonze, wer hat dann dafür gesorgt, dass die Königin kugelfreies Territorium erreichte?

Theoretisch hat es einen Mann gegeben, der dies vielleicht hätte bewerkstelligen können. Wir wissen wahrlich nicht viel über ihn. Sein Name: Hans-Otto Behrendt. Er war Soldat im Deutschen Afrika Korps (DAK), das zwischen 1941 und 1943 in Nordafrika an der Seite der Italiener gegen die Briten gekämpft hatte. Behrendt bekleidete zu diesem Zeitpunkt immerhin den Rang eines Oberleutnants. Neben seiner militärischen Laufbahn hat Behrendt angeblich noch zwei weitere Ausbildungswege absolviert. Zum einen wird er in einigen Sekundärquellen als »Rommels Ägyptologe« bezeichnet. Darüber hinaus war er Geheimdienstoffizier der deutschen Abwehr.

Keine Frage: Der Mann hat zweifellos ein interessantes Leben geführt. Unter der Internetadresse www.deutsches-afrika-korps.de/viewtopic ist sogar ein Foto von ihm im Gespräch mit einem Beduinen abgebildet. Im Rahmen der Recherche stieß der Verfasser sogar auch noch auf eine Publikation des Oberleutnants. Sie trägt den Titel *Rommels Kenntnis vom Feind im Afrikafeldzug.*

Ein bereits damals betagter Herr erzählte dem Verfasser vor mindestens 15 Jahren eher beiläufig, dass ihm ein »Herr Behrendt« von der Evakuierung der Nofretete-Büste erzählt habe. Dies sei geschehen, als ganz Berlin in Schutt und Asche versank. Das Unglaubliche aber sei gewesen, dass die Entwendung der Büste nur mithilfe der Amerikaner und Russen möglich gewesen sei.

Man mag von dieser Geschichte halten, was man will, verifizierbar ist sie bislang nicht.

Der Geheimbund der Pharaonen

Auch existiert ohnehin eine wesentlich greifbarere Vereinigung, die – theoretisch – an der Sicherung Nofretetes aktiv beteiligt gewesen sein könnte, nämlich der mit schöner Regelmäßigkeit immer wieder in den Schlagzeilen auftauchende *Geheimbund der Pharaonen.* Wir wissen nur nicht, welcher, denn Geheimbünde, die sich auf ihre Gründung in der Pharaonenepoche berufen, gibt es mehr, als man sich ausmalt. Die bekanntesten Vereinigungen dürften die Freimaurer und die Rosenkreuzer sein. Beide Geheimgesellschaften beziehen sich hinsichtlich ihrer Herkunft auf das Alte Ägypten. Dabei spielt, selten zwar, aber doch gelegentlich, auch die Amarna-Periode (ca. 1350 bis 1293 v. Chr.), jener Zeitabschnitt also, den Nofretete wesentlich mitprägte, eine gewisse Rolle. Gab es über diese »Drähte« etwa Kontakte zwischen den Geheimvereinigungen – auch während des Krieges? Ein Beweis für diese Mutmaßung ließ sich nicht finden. Gleichwohl: Es war auch nicht möglich, Hinweise aufzutun, die das Gegenteil wahrscheinlicher gemacht hätten. Nur einflussreiche, straff organisierte Gruppen wie die Rosenkreuzer, die mächtige, wirklich einflussreiche Männer in ihren Reihen haben, konnten gewährleisten, dass der »Nofretete-Konvoi« unbehelligt und unbeschadet seinen Zielpunkt Merkers erreichte. Die Farbe der Uniform war dabei herzlich unbedeutend!

Selbstverständlich gilt das auch für die Umbettung der Büste von einer Kiste in ein anderes Behältnis. Dies könnte durchaus von Mitgliedern eines Geheimbundes in einer konzertierten Aktion ausgeführt worden sein. Aber das ist lediglich, so sei ausdrücklich hervorgehoben, ein Gedankenkonstrukt. Bisher gibt es keine Belege dafür, dass ein *Geheimbund der Pharaonen* in die »Flucht« der Büste involviert gewesen ist – bis auf eine Winzigkeit vielleicht:

Der Rosenkreuzer-Geheimbund hat im US-Bundesstaat Kalifornien, genau gesagt in San José, den Rosicrucian Park angelegt. Der beeindruckendste Bau innerhalb der Anlage ist das Rosicrucian Egyptian Museum, das einem altägyptischen Tempel in Luxor nachempfunden ist. Die dort zusammengetragenen Schätze sind wirklich beeindruckend. Neben babylonischen und assyrischen Artefakten finden sich vor allem ägyptische Relikte – fast ist man geneigt zu sagen: »im Überfluss«. Die Rosenkreuzer wollen damit explizit ihre altägyptische Herkunft untermauern, denn – und jetzt wird's interessant – ihre Sekte, der *Ancient Mystical Order of the Rosy Cross* (AMORC) leitet sich bekennend von einer altägyptischen Mysterienschule ab, die um 1350 v. Chr. gegründet wurde.

1350 v. Chr.? Das wäre gleichfalls exakt zur (ermittelten) Zeit der Inthronisierung keines Geringeren als Pharao Echnaton, des Ehegatten der Königin Nofretete!

Die Rosenkreuzer kämen also theoretisch sehr wohl für ein »Rettungsunternehmen Nofretete« in Betracht. Somit lässt das obige Planspiel durchaus beide Varianten möglich erscheinen. Dies umso mehr, als sich die AMORC-Männer selbst als *weltweite kulturelle Bruderschaft* sehen.

Freilich weist die Sache historisch betrachtet einen eklatanten Fehler auf: Die AMORC gründete sich nicht im Alten Ägypten des Jahres 1350 v. Chr. als Bruderschaft, sondern erst ein paar Tausend Jahre später, 1916 in Tübingen am Neckar. So ist jedenfalls der momentane Wissensstand. Das wiederum braucht der Sache nicht abträglich zu sein. Warum sollten die Rosenkreuzer nicht einer Irrlehre aufsitzen, daraus aber auch das Antriebsmoment für ein begrüßenswertes Engagement herleiten?

Nochmals sei an dieser Stelle deutlich gemacht, dass es sich lediglich um ein Gedankenkonstrukt handelt. Aber irgendwie hat die Sache einen kleinen Anflug von Ironie, wenn man vor der perfekten Büste der Nofretete steht – im Ägyptischen Museum – der Rosenkreuzer …

Wie uns dieses Kapitel lehrt, ist die Königin immer für eine Überraschung gut. Das hat auch die jüngere Vergangenheit wieder verdeutlicht, als ein bislang nicht ausgewertetes Konvolut in Frankreich entdeckt wurde. Die alten Dokumente werfen neues Licht auf den »Fall Nofretete« und ein unrühmliches noch dazu.

9 Rechte Seite:
Im Museum des Rosenkreuzer-Geheimbundes in San José/Kalifornien steht dieses täuschend echte Replikat. Half die Geheimgesellschaft bei der Rettung der Büste?

Der Zwist

Ein derartiger Coup gelang unlängst der promovierten Kunsthistorikerin Bénédicte Savoy. Im Frühjahr 2011 präsentierte sie der Öffentlichkeit die Ergebnisse eines Fundes in Paris. Dort hatte Dr. Savoy wahrhaft Interessantes zum Beginn des »Büstenpokers« zwischen Ägypten und Deutschland aufgestöbert. Demnach war alles ganz anders, als uns bisher präsentiert wurde. Weder die Deutschen noch die Ägypter entfachten ursprünglich den Streit um die Besitzrechte an der »Ikone«. Der eigentliche Motor dieser Auseinandersetzung war nämlich nach Aktenlage der damalige Chef der *Ägyptischen Altertümerverwaltung*, der Franzose Pierre Lacau. Mangels ausreichender Karriereförderung verlegte er seine Anerkennungssucht darauf nachzuweisen, dass die Deutschen bei der Fundteilung einen »moralischen Fehler« begangen hätten. Die Konsequenz: Ludwig Borchardt durfte nie wieder in Ägypten graben.

Der Grund für Lacaus offen gezeigte Ablehnung sei nach Professor Savoys Sicht(ung) sein tiefer Hass auf Deutschland gewesen, mit dem er seine berufliche Unzufriedenheit zu kompensieren suchte.

So begann also nach neuester Lage der Dinge der deutsch-ägyptische Streit um die Besitzrechte der »Painted Queen«. Lacaus Saat ging auf. Genau 100 Jahre wissen wir nun um die Existenz der Plastik. Und mindestens 90 davon tobt mal heftiger, mal moderater der Dissens um das kostbare Stück. Eine regelrechte »Großoffensive« in Sachen

10 Die französische Kunsthistorikerin Bénédicte Savoy ermittelte völlig neue Erkenntnisse im Streit um die Rückgabe der Königin.

Rückführung Nofretetes startete in der Vergangenheit der zwischenzeitlich seiner Aufgaben entbundene Chef des *Supreme Council of Antiquities* (SCA), Zahi Hawass. Fast schon in regelmäßigen zeitlichen Abständen forderte er bei den zuständigen deutschen Stellen sowohl auf politischem Parkett wie auch bei den ägyptologischen Instanzen Nofretetes sofortige, unversehrte Heimkehr ein.

Der »Büstenpoker«

Zahi Hawass ist mutmaßlich der bekannteste Ägyptologe des Nillandes – und fraglos der zwielichtigste. Dabei war er in der Bevölkerung noch 2009 eine der beliebtesten Persönlichkeiten Ägyptens.

Das änderte sich praktisch über Nacht, als seinen Landsleuten klar wurde, dass er ein linientreuer Anhänger von Staats-

11 Trickste Ludwig Borchardt bei seinem Unterfangen, Nofretete vom Nil an die Spree zu verfrachten?

chef Hosni Mubarak war. Mubarak war 2011 nur noch verhasst. Das Volk darbte, der Clan des Diktators aber führte ein Leben in Saus und Braus. Hawass geriet nun seinerseits in das Visier der Demonstranten auf dem Tahrir-Platz in Kairo. Das Fass zum Überlaufen brachte schließlich seine Berufung zum Minister. Damit die erfolgen konnte, schuf Mubarak sogar ein neues *Ministerium für ägyptische Altertümerangelegenheiten*.

Voller Eifer und Tatendrang machte sich Hawass im neuen Amt ans alte Werk. Eine seiner ersten Amtshandlungen: Er forderte zum Jahreswechsel 2010/11 von Deutschland mit Nachdruck die Rückgabe der Nofretete-Büste. Zur Begründung legte der Antikenwächter dar, dass Ägypten der Auffassung sei, der Entdecker der Gipsbüste, Ludwig Borchardt, habe bei der damals üblichen Fundteilung zwischen Mäzen und dessen Grabungsteam einerseits und der einheimischen Antikenbehörde andererseits vorsätzlich getrickst.

Hierzu habe Borchardt die Büste mit Nilschlamm bekleckert und somit ihre Einzigartigkeit erfolgreich vor der Teilungskommission kaschiert. Zahi Hawass konnte seine Sicht der Dinge sogar mit Material des Nachrichtenmagazins *Der Spiegel* untermauern.

Indes hegt man in Deutschland eine andere Auffassung von den Vorgängen im Jahr 1912: Durch die Fundteilung sei Preußen zum rechtmäßigen Eigentümer des Kleinods geworden, ließ Kulturstaatsminister Bernd Neumann durch seinen Sprecher Hagen Wolf verkünden. Außerdem bestreitet die *Stiftung Preußischer Kulturbesitz* (SPK) vehement die Illegalität des anrüchigen Handels. Die Artefakte seien genau erfasst worden, die entsprechenden Listen lägen vor. Ferner hätten sogar Fotografien der hervorstechendsten Kunstwerke zur eingehenden Begutachtung zur Verfügung gestanden. Und letztlich hätten die Kisten samt ihrem Inhalt in geöffnetem Zustand für eine Visite bereitgestanden.

In Bezug auf Hawass' Schreiben wieherte wieder einmal der deutsche Amtsschimmel, indem Wolf zwar den Eingang eines Schreibens vom 2. Januar 2011 bei der SPK bestätigte, aber im gleichen Atemzug darauf verwies, dass der Brief die Unterschrift von Zahi Hawass in seiner Eigenschaft als ägyptischer Chefarchäologe und stellvertretender Kultusminister trage. Die darin enthaltene Bitte auf Rückgabe des Königinnenabbildes sei jedoch formal nicht korrekt, da weder vom ägyptischen Ministerpräsidenten noch anderen Kabinettsmitgliedern unterschrieben. Damit hatte die deutsche Seite wieder einmal ihr diplomatisches Geschick eindrucksvoll unter Beweis gestellt.

Ob der deutsche Außenminister Guido Westerwelle feinfühliger zu Werke ging, ist dem Autor nicht bekannt – erfolgreicher jedenfalls war auch er nicht, als er den Ägyptern gegenüber nur den sattsam bekannten Standpunkt der Bundesrepublik darlegte, ansonsten aber nur leere Hände vorwies. Dabei hätten ihm noch Hawass' Worte in den Ohren dröhnen müssen, der – angeblich bereits Anfang 2009 im ARD-Hörfunk – im Hinblick auf die Büste zeterte und wetterte, »(...) diesmal meine ich es sehr ernst«. Bis zu seiner Entlassung aus dem Amt hielt der äußerst umstrittene Antikenwächter jedenfalls nimmermüd' sein Wort.

Die Plastik steht immer im Fokus des Interesses. Man müsste also annehmen, dass auch die deutsche Verhandlungsseite an einer einvernehmlichen Regelung interessiert sein sollte. Aber vielleicht bedarf es erst eines weiteren Politikers vom Schlage des ehemaligen bayerischen Regierungschefs Edmund Stoiber, der die sogenannte »Sargwannen«- oder »KV-55-Affäre« binnen weniger Minuten im Rahmen eines Ägyptenbesuches aus der Welt schaffte. Das war seinen Unterhändlern, den Ägyptologen Dr. Sylvia Schoske und ihrem Ehemann Dr. Dietrich Wildung, in fast zwei Jahrzehnten (!) immer wieder geführter Verhandlungen nicht gelungen.

Bei offener Betrachtung müssen wir allmählich eingestehen, dass Nofretete seit ihrer Entdeckung in der Werkstatt des Oberbildhauers Thutmosis eigentlich nur Ärger, Sorgen und Streitereien bereitet hat. Eines ist jedenfalls sicher: Mehr als Nofretetes Büste in den letzten 100 Jahren erlebt hat, war ihr in den restlichen 3450 Jahren zuvor auch nicht widerfahren.

Gleichwohl wäre es ungerecht, dafür neben der Ägyptologie allein politischen Instanzen die Verantwortung zuzuschieben. Auch aus anderen »Ecken« wehte Berlin schon vor Jahrzehnten der Wind scharf ins Gesicht. Dabei geschah das nicht mit lautem Getöse wie bei Minister Hawass, vielmehr versuchte man es mit der Taktik der kleinen, lautlosen Schritte.

So ging beispielsweise Hans Karl Westphal vor. Sein Auftritt im Büstenpoker erreichte in den 1970er-Jahren ihren Höhepunkt. Aber zu diesem Zeitpunkt dauerte sein Kampf um den Kopf schon ziemlich genau 30 Jahre an.
Hans Karl Westphal war nicht irgendwer, sondern der Enkel von James Simon, dem Sponsor der deutschen Amarna-Expedition, in deren Verlauf Ludwig Borchardt und sein Team 1912 die Königinnenbüste entdeckten. Ohne Simons generöse Finanzierung, das kann man rückblickend ruhigen Gewissens sagen, wäre Nofretete nie und nimmer nach Deutschland gekommen.
Es ist also zumindest in Teilen so, dass die Finanzspritze eines jüdischen Kaufmanns Deutschland den Fund der ägyptischen Königin ermöglicht hat. Welch eine Ironie der Geschichte! Ausgerechnet die Historie jener Völker, die auf blutigste und schrecklichste Weise miteinander verbunden ist, hat hier unbeabsichtigt dazu beigetragen, Nofretete vor der Zerstörung zu bewahren. Was könnte nicht noch alles in konzertierten Aktionen gemeinsamer Archäologieprojekte geleistet werden.
Seiner Zeit um Lichtjahre voraus war in dieser Hinsicht Kaufmann Simon. Er gründete die *Deutsche Orient-Gesellschaft*, in deren Auftrag Ludwig Borchardt die Amarna-Grabungen durchführte, die schließlich in der Auffindung der antiken Büste gipfelten.
Als James Simon 1932 verstarb, war sein Vermögen infolge der Wirtschaftskrise und des verlorenen Ersten Weltkrieges arg geschrumpft. Der Rest ging unter der Nazi-Herrschaft verloren. Sein Enkelsohn Hans Karl Westphal erhob nun nach der Teilung Deutschlands Anspruch auf die verschiedenen Sammlungen – vergebens. Bisher wird stets gleich argumentiert: Die Simon-Kollektionen sind der *Stiftung Preußi-*

scher Kulturbesitz von diesem selbst zugewiesen worden. Das Gesetz befreit zudem die Stiftung von jedweder Art monetärer Zuwendungen. Punkt. Aus. Ende. Amen.
Allerdings gibt es da eine kleine Lücke im Juristen- und Bürokratendschungel. Preußen hat nämlich seinerzeit James Simon zugesichert, sämtliche Objekte wieder an ihn zurückzugeben, wenn sie der Platznot zum Opfer fielen und nicht ausgestellt werden könnten. Und davon gibt es bekanntlich eine ganze Menge. Die Bestände aus der Amarna-Grabung lagern tatsächlich zu einem Großteil in den Magazinen. Doch Hans Karl Westphal wurde der Zugriff verwehrt – der Simon gegenüber ausgesprochene »Dank« war nicht mehr als ein schändliches Lippenbekenntnis, denn bis zum Enkel des über alle Maßen großzügigen Förderers reichte die Bezeugung nicht. Dessen einziger Kommentar: »Na, ich bitt' Sie!«
Und die Königin? Nofretete verlor selbst ob dieser tragikomischen Ereignisse, die nicht einmal für eine Randnotiz in der Geschichte ausreichen, keineswegs ihr hintergründiges Lächeln.

DDR-Forderung: Nofretete im Sonderzug nach Pankow

Meistens waren und sind die Probleme rund um die Büste jedoch politischer Natur. So weckte die einmalige Skulptur Mitte der 1970er-Jahre auch Begehrlichkeiten im »ersten sozialistischen Arbeiter- und Bauernstaat auf deutschem Boden«, wie herrlich umständlich und nichtssagend die SED-Nomenklatura ihren Machtbereich umschrieb. Ja, die Deutsche Demokratische Republik (DDR) streckte ihre Fühler nach Nofretete aus. Der Kopf gehöre in den Ostteil Berlins, behaupteten die Genossen. Zur Begründung angeführt wurde ein Argument, das scheinheiliger nicht hätte sein können und das schlichtweg an den Haaren herbeigezogen war. Das Exponat sei Eigentum der DDR, weil die Büste den weitaus überwiegenden Teil ihres öffentlichen Lebens in Deutschland auf der »Museumsinsel« verbracht habe, lautete diesbezüglich die inhaltsschwache Begründung der Parteibonzen.

Die West-Berliner Reaktion fiel dementsprechend ungewöhnlich scharf und unzweideutig aus. »Wer die Nofretete haben will, der braucht gar nicht erst anzufangen zu verhandeln, die gibt es nicht«, posaunte der damalige West-Berliner Bürgermeister Klaus Schütz.

Und wieder ist es eine Ironie des Schicksals: Heute residiert Nofretete genau dort, wo Erich Honecker sie haben wollte – nämlich auf der »Museumsinsel« – allerdings in einer wiedervereinten, prosperierenden Metropole.

Für Nofretete aber war es nach dem Kriegsende in Merkers und ihrem ersten öffentlichen Auftritt in Wiesbaden noch ein weiter Weg dorthin. Selbst in Berlin fand sie zunächst keinen Platz, der ihr auf Dauer zur neuen Heimat hätte werden können. Die Staatlichen Museen Berlin-Dahlem und das Ägyptische Museum hießen dort – um nur zwei davon zu nennen – ihre Unterbringungsstätten.

Doch was lange währt, wird letztlich gut. Am 16. Oktober 2009 nahm Nofretetes Büste als Publikumsmagnet an der Wiedereröffnung des Neuen Museums teil. Nun steht sie nach ihrer Odyssee genau dort, wo sie erstmals die Berliner und auswärtige Besucher scharenweise in ihren Bann zog. Es bleibt abzuwarten, ob die »Painted Queen« dort dauerhaft Ruhe findet. Letztlich aber wird sie doch zufrieden sein mit ihrer majestätischen Unterbringung. Kein Streit, kein Krieg, keine Intrige, kein Attentat. Mein Gott, was hatte diese Frau damals erleiden, erdulden und ertragen müssen, damals in Ägypten …

II. Teil
Die Königin

Das Phantom Nofretete

Sie war plötzlich da. Sie erschien nicht, sie trat nicht auf – Nofretete, die Ägyptologen heute auch gerne Nefertiti oder Nafteta nennen, wie ihr Name (angeblich!) richtigerweise ausgesprochen werden soll*, war einfach da auf der Bühne der Weltgeschichte. Dabei war ihr Name das Programm: »Die Schöne ist gekommen«, wurde sie bewundernd genannt. Aber woher kam sie bloß? Das ist bis heute eines der größten Rätsel der Ägyptologie.

Der Ägyptologe Marc Gabolde hat es kurz und knapp, aber dafür absolut zutreffend in einem Satz auf den Punkt gebracht, als er schrieb: »Die Herkunft der Nofretete ist nicht bekannt.« Damit ist in der Tat alles, was zu diesem Thema gesagt werden kann, auch ausführlich dargelegt. Sämtliche Wissenschaftler, die glauben mehr zu wissen, ergehen sich letztlich in fruchtlosen Spekulationen.

Und das ist genau das Hauptproblem der Nofretete-Forschung: Die Zahl der Theorien und Mutmaßungen hat regelrecht inflationäre Ausmaße erreicht. Gerade was den Beginn und das Ende der Amarna-Ära anbelangt, gelingt es selbst den hochgradigsten und spezialisiertesten Fachleuten kaum mehr, den vollständigen Überblick zu behalten. Dies zu wissen und sich stets vor Augen zu halten, ist von größter Wichtigkeit, denn es passiert immer wieder, dass ein und dieselbe Quelle als Beleg für eine völlig konträre Schilderung

* In Wahrheit weiß niemand, ob das wirklich zutrifft.

der Ereignisse genutzt wird. Die Ursache hierfür liegt in der eklatant unterschiedlichen Materialfülle zu den einzelnen Abschnitten von Nofretetes Lebens- und Wirkungsweg. So existieren über ihre Kindheit und Jugend faktisch keinerlei Artefakte. Hingegen ist die Blütezeit der Amarna-Periode im Verhältnis zu anderen antiken ägyptischen Epochen geradezu paradiesisch belegt. Und das gilt ganz besonders für die Königin. Stellenweise kommt Nefertiti sogar wesentlich häufiger »zu Wort« als ihr königlicher Gemahl und Gebieter bzw. ist weitaus häufiger an manchen Bauten abgebildet als der Pharao.

Weder können wir demnach von einer genügenden Dokumentation von Nefertitis Leben sprechen noch von einer unzureichenden. Jegliche Beurteilung kann stets nur für einen begrenzten Zeitabschnitt in ihrem Werdegang getroffen werden.

Wir folgen Marc Gabolde in der Behauptung, dass Nofretete »erstmals auf einem Reliefblock aus Karnak« zu identifizieren ist. Das ägyptologisch sehr bedeutsame Stück befindet sich heute im Pariser Louvre. Doch auch darauf findet sich kein Jota über ihre Abstammung, keine Silbe über ihre Herkunft.

Und doch sind die Wissenschaftler in der Lage, einige relativ gesicherte Erkenntnisse über ihre Familie zu treffen. So wurde Nafteta in den ersten Jahren ihres Lebens von einer Amme mit Namen Tia betreut. Wahrscheinlich blieben sich die beiden ein Leben lang gewogen. Allerdings musste Tia verkraften, dass ihr Zögling etliche Jahre vor ihr das Zeitliche segnete. Tia selbst sollte in einer der steilsten Karrieren, die uns überhaupt von Frauen aus dem Alten Ägypten überliefert sind, mutmaßlich selbst Nofretetes Rang einnehmen – d. h., sie wurde höchstwahrscheinlich Königin. Aber dazu später mehr.

Wichtig für die Forschung ist es zu wissen, dass Nofretete eine eigene Amme zur Seite stand. Sie war nicht nur für das Kleinkind verantwortlich. In späteren Jahren lag ihre Funktion dann mehr und mehr in der Beratung und Unterstützung der »Painted Queen«. Aus dieser Tatsache lässt sich ableiten, dass Nefertiti in Ägypten das Licht der Welt erblickte – unter der Fürsorge einer zumindest adeligen Familie. Ob es sich dabei letztlich um den infrage kommenden Pharao Amenophis III. (ca. 1386–1349 v. Chr.) handelte oder eine andere ranghohe Persönlichkeit des Hofstaats mag, bis zur Auffindung erhellender Dokumente dahingestellt bleiben.

Persönlich folgt der Autor in der Argumentation der Ägyptologin Joyce Tyldesley, die es für ausgeschlossen hält, dass Nofretete eine direkte Angehörige des Königshauses war. Die Liverpooler Nofretete-Expertin schrieb diesbezüglich bereits 1998: »Da Nofretete sich selbst jedoch nie als ›Königstochter‹ bezeichnete, sind derartige Spekulationen überflüssig. Nofretete kann keine Prinzessin des Königshauses gewesen sein.« Keine Frage: Die Logik ist bestechend.

Der »Fall Mutbeneret«

Eigenem Bekunden nach hat die Wissenschaft erst vor wenigen Jahren ein Familienmitglied des »Nofretete-Clans« erfassen können. Ihr Name lautet Mutbeneret und sie ist angeblich Naftetas Schwester.

Somit wäre sie die einzige bekannte Blutsverwandte. Manch kundiger Leser mag sich hier vielleicht an eine Schwester Nofretetes anderen Namens erinnern: Mutnedjemet (oder, sehr selten: Nedjemetmut). In der konservativen Ägyptologie wird die Dame, die gerne in Begleitung von zwei Zwerginnen abgebildet ist, als Königin Mutnedjemet tituliert.

In den letzten 15 Jahren ist die Sichtweise, dass es sich bei Mutnedjemet um Nofretetes Schwester handelt, zu kaum mehr als einer geschichtswissenschaftlichen Altlast verblasst. Für die Fehlinterpretation verantwortlich gemacht werden

12 Mutbeneret, eine angebliche Schwester der Nofretete (ganz links), soll auf dieser Abbildung hinter den drei ältesten Amarna-Prinzessinnen zu sehen sein. Doch wer steht neben ihr?

die altägyptischen Schriftzeichen. »Die hieroglyphischen Schreibungen« der beiden Namen, so der diesbezügliche Hinweis von Gabolde, »sind sehr ähnlich«. Dennoch ist es gelinde gesagt merkwürdig, dass dieser Unterschied mindestens rund 150 Jahre niemandem aufgefallen ist.

Somit ist alles, was wir über die Nafteta-Familie verlässlich zu Protokoll geben können, dass sie anscheinend eine Schwester namens Mutbeneret hatte sowie eine Amme, die Tia gerufen wurde. Dafür sieht ein Großteil der Fachgelehrten in der Dame namens Mutnedjemet keine Angehörige des Königshauses mehr. Alle vier, Nofretete, Mutbeneret, Mutnedjemet und Tia werden uns noch mehrfach beschäftigen – in guten wie in schlechten Zeiten.

Das Frustrierendste an diesem Status aber ist, dass wir gegenwärtig keinerlei annähernd gesicherte Erkenntnis darüber besitzen, wie aus der nicht aus der Königsfamilie stammenden Nofretete die bewunderte »Große königliche Gemahlin«

wurde. Gerade deshalb aber ist die Klärung dieser Wissenslücke von herausragender Wichtigkeit, denn dieser Abschnitt ihres Daseins ist quasi maßgeblich für ihren gesamten weiteren Lebensweg.

Sicher: Nafteta war zweifellos eine ausnehmende Schönheit. Aber ihre sexuelle Attraktivität alleine kann Echnaton, den künftigen Herrscher über »Kemet« (»Das schwarze Land«), wie die Alten Ägypter in Anspielung auf den fruchtbaren Nilstreifen ihren Staat selbst nannten, kaum zur Heirat bewogen haben. Immerhin stand dem Pharao stets sein Harem zur Verfügung, in dem Damen aus sämtlichen Teilen der damals bekannten Welt vertreten waren. Es ist deshalb davon auszugehen, dass nicht nur eine Frau seine sexuellen Vorlieben zu befriedigen hatte.

Erinnern wir uns: Gemäß Joyce Tyldesley kann eine Zugehörigkeit Nofretetes zum Herrscherhaus als extrem unwahrscheinlich gelten. Auf der anderen Seite weiß Tyldesleys Zunftkollege, der französische Dozent Marc Gabolde, dass die Königin in spe »erstmals auf einem Reliefblock« in Erscheinung trat, »der zeitgleich [entstanden] ist mit dem ersten Auftreten der Strahlensonne des Aton«. Aton ist eine altägyptische Gottheit, deren Kult unter Echnaton seine absolute Blütezeit erfuhr. Er wird uns durch die weiteren Kapitel dieses Buches begleiten.

Es ist lediglich eine Spekulation: Aber könnte es nicht so sein, dass neben ihrer körperlichen Fesselung auch und vor allem religiöse Interessen, Lehren und Diskussionen Echnaton und Nofretete zueinanderfinden ließen? Fraglos ist das eine gewagte Hypothese. Doch wenn wir vorausgreifend das Handeln und Wirken der beiden während ihrer Epoche betrachten, ist die Religion, insbesondere der Aton-Kult, *die* Triebfeder des Paares schlechthin.

Kommt also die bis dahin vollkommen undokumentierte Nofretete vielleicht aus dem im Altertum alles beherrschenden theologischen Lager? War sie vielleicht eine junge Priesterin? Ja, verehrte und diente sie bereits Aton, als sie Echnaton erstmals gegenüberstand? Und letztlich stellt sich damit auch die Frage nach der Gründerschaft der »Neuen Lehre«. So viel steht fest: Ohne Echnaton ging gar nichts! Aber reichten seine intellektuellen Fähigkeiten aus, die neue religiöse Glaubensausrichtung durchzusetzen? Oder war hinter den Kulissen doch Nefertiti in Wahrheit die treibende Kraft? War es ihre Inspiration, ihr Engagement, das den bekannten altägyptischen Pantheon einstürzen ließ? Wie gesagt: Die kommenden Kapitel werden es uns zeigen. Doch noch ist die Zeit nicht gekommen, denn Nofretete ist noch immer Nofretete – und nicht »Frau Echnaton«.

Der Göttergatte

Im Gegensatz zu Naftetas Familie sind wir über die Genealogie ihres nachmaligen Ehemanns geradezu feudal informiert. Für ihn verwenden die Ägyptologen sogar vier verschiedene Namen: Achanjati, Amenophis IV., Amenhotep IV. und – wohl am häufigsten – Echnaton wird er in der Fachliteratur genannt.

Amenophis IV. war von Beruf Sohn, präziser gesagt, Pharaonensohn. Allein diese Tatsache erhöhte ihn schon gegenüber den übrigen Familienmitgliedern deutlich. Allerdings hatte Klein Amenophis auch einen schweren Makel: Er war nur der zweitgeborene Sohn seines Vaters, des mächtigen Potentaten Amenophis III. (ca. 1390–1353 v. Chr.).

Der erstgeborene Sprössling trug den ruhmreichen Namen Thutmosis. Und in Ägypten wurde die Thronfolge nach dem Prinzip geregelt: Der Erstgeborene (vorzugsweise von der »Großen königlichen Gemahlin« ausgetragen) war der Kronprinz und der Zweitgeborene war niemand.

Dennoch verlebte auch Amenophis eine für damalige Verhältnisse spaßige, sorgenfreie und vor allem luxuriöse Zeit zwischen den beiden Machtzentren Memphis und Theben. Der »Pharaonenracker« hatte, wie anzunehmen ist, ein großes Repertoire an Streichen und folgte lediglich den Anweisungen des Vaters und seiner zwar gestrengen, aber von ihm auch inniglich geliebten Mutter, der Königin Teje.

Allerdings währte diese glückliche Kindheitsphase nicht allzu lange. Auch ein Pharaonensohn bedurfte der Schulung und Bildung. Beides erhielt Amenophis junior mutmaßlich im westlichen Teil des Reiches. Dort, in der Oase Fajum, »genoss« Achanjati eine intensive Ausbildung. Mit von der Partie im »altägyptischen Oxford« war der Nachwuchs weiterer Angehöriger der Königsfamilie sowie Teile der Nachkommenschaft aus dem restlichen Hofstaat wie etwa von Militärs, Beamten oder angehenden Gottesdienern. Vielleicht war es hier, dass sich Nofretete und Amenophis IV. begegnet sind. Ob es sich dabei allerdings um die sprichwörtliche »Liebe auf den ersten Blick« handelte, lässt sich heute nicht mehr feststellen.

Dass dieses erste Aufeinandertreffen der zwei sich an einem der beiden besagten Örtlichkeiten ereignete, kann dennoch als höchstwahrscheinlich angenommen werden, denn nicht minder viele Vertreterinnen des weiblichen Geschlechts bekamen in Memphis, der Reichshauptstadt, und/oder eben in der Oase ihren Schliff fürs Leben. Die »Berufe« für die femininen Auszubildenden waren dabei kaum weniger vielfältig als für die männliche Gruppe. Die Mädchen, sie entstammten zumeist einer Nebenlinie des Königshauses, wurden beispielsweise zu Ammen ausgebildet. In den schönen Künsten, sei es nun Musik oder Literatur, hat man sie zu geschätzten Hofdamen geschult.

Die bereits langjährigen Mitglieder des Hofstaats genossen Tag für Tag den Luxus des Reiches. Wirtschaftlich war Kemet auf seinem historischen »all-time-high« angekommen. Menschen von Punt bis Kreta und von Libyen bis zu den Ufern des Euphrat brachten einen nicht enden wollenden Strom an Menschen, Nahrungsmitteln, Edelmetallen und sonstigen Rohstoffen zur Verarbeitung. Die feilgebotenen (oder erbeuteten) Reichtümer ließen das ganze Land in nie gekanntem Wohlstand erblühen. Hinzu kam: Pharao war gesund, die Thronfolge mit Prinz Thutmosis gesichert. In einem Satz: Die Welt des Alten Ägypten war heil.

Thutmosis V. – der Pharao, der nie regierte

Prinz Thutmosis wurde nie Pharao von Ägypten. Er starb völlig überraschend, wahrscheinlich im frühen Mannesalter. Doch war es gerade sein Tod, der in Ägypten Umwälzungen auslösen sollte, wie sie das Reich nur selten zuvor erlebt hatte. Denn hätte man Thutmosis gekrönt, wäre Amenophis IV. kaum an die Macht gekommen. In jedem Fall wäre die spätere Hauptstadt Achetaton nie errichtet worden, Gott Aton wäre wohl nicht zur ersten monotheistischen Staatsreligion auf diesem Planeten aufgestiegen – und letztlich hätte Thutmosis' Namensvetter, der Bildhauer Thutmosis, die Büste der Nofretete niemals geschaffen. Ob »Thutmosis V.« gleich viel bewirkt hätte? Oder wäre er eher seinem Vater nachgekommen, der einen Schluck kühlen Weines ebenso wenig verachtete wie regelmäßige Stippvisiten im Harem?

Wir wollen uns an derartigen fruchtlosen Spekulationen nicht beteiligen, können aber das »Intermezzo Thutmosis« nicht beenden, ohne kurz auf zwei merkwürdige Besonderheiten im Zusammenhang mit seiner Person einzugehen. Die erste betrifft einen rätselhaften Fund in der Gruft des durch seine wertvolle Grabausstattung bekannt gewordenen Pharaos Tutanchamun. Tutanchamun, so nehmen die Wissenschaftler an, regierte ungefähr von 1334 bis 1325 v. Chr., um dann umgeben von seinen Schätzen im legendären Tal der Könige bestattet zu werden, wo ihn 1922 der britische Amateurarchäologe Howard Carter freilegte. Unter den Pretiosen fand sich ein merkwürdiges Objekt, eine Peitsche mit der Aufschrift »Sohn des Königs, Kommandant der Truppen Thutmosis«. (Fast) alle Ägyptologen gehen davon aus, dass es sich bei dem Besitzer um den designierten »Thutmosis V.« handelte. Das mag durchaus der Fall sein. Zweifler führen gegen diese Annahme jedoch drei Argumente ins Feld:

13 Relief von »Thutmosis V.« – dem Pharao, der nie regierte. Er war der ältere Bruder Echnatons. Wäre Thutmosis inthronisiert worden, hätte es die Amarna-Periode vermutlich nie gegeben.

- Thutmosis trug zeit seines Lebens den Titel »ältester Königssohn«.
- Wie gelangte die Geißel, immerhin ein sehr persönlicher Gegenstand, in das Grab Tutanchamuns, der beim Ableben Thutmosis' höchstwahrscheinlich noch nicht einmal gezeugt war?
- Die gar nicht einmal so spärliche Summe an Thutmosis-Quellen erwähnt den Prinzen zumeist in Verbindung mit religiösen Belangen. So übte er das einflussreiche Amt des Hohepriesters des (Gottes) Ptah aus. Des Weiteren wurde Thutmosis »oberster der gesamten Priesterschaft von Ober- und Unterägypten«. Und dann soll er gleichzeitig auch noch als Heerführer aktiv gewesen sein? Selbstverständlich kann der Titel auf der Peitsche ausschließlich

symbolhafte Bedeutung gehabt haben. Aber dafür gibt es bislang keinen Beweis.

Nimmt man alle drei Aspekte zusammen, stellt sich doch die Frage, ob der Sem-Priester (= Hohepriester) Thutmosis tatsächlich identisch ist mit dem Schlachtenlenker Thutmosis?
Das zweite Mysterium betrifft mehr die Wissenschaft Ägyptologie denn die Historie des Alten Ägypten. »Thutmosis V.« war als Sem-Priester des memphitischen Gottes Ptah auch zuständig für die rituelle Bestattung des heiligen Apis-Stieres, der auferstandenen Wesensform des Gottes Ptah. Erstmalig in der langen Geschichte von Kemet (man schrieb bereits die 18. altägyptische Dynastie!) ließ nun Thutmosis für das verehrte Tier eine wahrhaft kolossale Grabanlage errichten. Den Komplex ließ Thutmosis in Sakkara erbauen. Er bestand aus zwei Teilbereichen: Die eigentliche Grabkammer entstand unterirdisch. Darüber »stülpte« man – oberirdisch – eine Kapelle.
Warum er auf einmal diesen immensen Bau ausführen ließ, ist bis heute nicht bekannt. Falls Thutmosis, der Sem-Priester, eine Art Staatsgeheimnis gehabt haben sollte, hat er es wohl mit in sein noch unaufgefundenes Grab genommen. In jedem Fall aber machte er mit seinem Tod den Weg zur Macht frei für den jungen Amenophis – und damit indirekt letztlich auch für Nofretete.

Von Frauen umgeben – die Familie Echnatons

Wir wissen nicht, wann der künftige Pharao zum Thronfolger ausgerufen wurde. Der Altertumsforscher Marc Gabolde mutmaßt, dass man Amenophis IV. bereits im Alter von »höchstens 10 Jahren« inthronisierte.

14 Gelangte durch den Tod seines älteren Bruders an die Macht: Amenophis IV., genannt Echnaton.

An dieser Stelle greift, was wir bereits früher anmerkten: Mag die Gesamtsituation an Hinterlassenschaften aus der sogenannten Amarna-Epoche durchaus zufriedenstellend sein, so weist sie doch im archäologischen Einzelfall eklatante Lücken auf, die die Ägyptologen schier verzweifeln lassen. Das gilt für Amenophis IV. leider parademäßig. Denn wie im Falle der Nofretete sind Aussagen auch über seine ersten Lebensjahre bis hin zur Übernahme der Regentschaft unmöglich. Die Ursache liegt, wie man sich bereits unschwer denken kann, in der geradezu miserablen Fundlage – sie ist nämlich faktisch nicht existent. Lediglich ein lausiges Artefakt belegt bis heute die Existenz des Thronerben: ein Siegelabdruck auf einem Weinkrug aus dem Palast seines Vaters Amenophis III. in Malkata in Theben-West.

Mit dieser unbefriedigenden Situation könnten wir dieses Kapitel ruhigen Gewissens abschließen. Allerdings waren

Thutmosis und Amenophis nicht die beiden einzigen Nachkommen des dritten Amenophis. Die Königsfamilie umfasste vielmehr noch weitere Mitglieder, allesamt weiblicher Natur, die durchaus für Ägyptens Zukunft von Bedeutung hätten werden können – je nachdem, wie die Würfel des Schicksals gefallen wären. Die nachfolgende Übersicht zu den Kindern aus der Ehe von Amenophis III. und Teje mag uns für den Augenblick als Information genügen, weil wir die Personen ohnehin noch eingehender darstellen werden.

Tabelle 1

Name	Status
Satamun	älteste Tochter/Königsgemahlin
Isis	Tochter/Königsgemahlin
Henuttaneb	Tochter
Nebetiah	ist bisher nur aus einer Quelle bekannt

Die Tabelle erhebt keinerlei Anspruch auf Vollständigkeit. Es liegt durchaus im Bereich des Möglichen, dass der Palast noch von weiteren gemeinsamen Nachkommen Tejes und Amenophis' III. bevölkert wurde. Die Entdeckung eines diesbezüglichen »Nachwuchs«-Grabes könnte jedenfalls nicht überraschen.

In diesem Kontext wird in Ägyptologenkreisen immer wieder der Name Baketaton ins Feld geführt. Welches Geheimnis umgibt diese Dame? Baketaton lässt sich erst unter der Regierungszeit Amenophis' IV. dokumentieren. Demnach ist es eigentlich auszuschließen, dass sie die Tochter von Amenophis III. ist. Aber das vorschnelle Urteil könnte »Pferdefüße« haben. Der Echnaton-Experte Dr. Nicholas Reeves führt dazu aus: »Eine weitere Prinzessin, die geheimnisvolle Baketaton, die erst während der Regierung Echnatons in Erscheinung tritt, könnte Satamun mit einem neuen, der Amarnazeit angepassten Namen gewesen sein oder noch ominöser, ein spätes Kind von Amenophis III. und Satamun (…).«

Wir haben jetzt – soweit das die Quellenlage zulässt – Amenophis' IV. bekannte familiäre Situation und sein Umfeld geschildert. Doch das trat alsbald in den Hintergrund, denn Amenophis III. lebte nach der Geburt seines gleichnamigen Sohnes wohl maximal noch zehn Jahre, dann wurde sein Grab im Tal der Könige mit schweren Blockiersteinen regelrecht zubetoniert. Für Amenophis IV. begannen mit diesem Akt die Vorbereitungen auf die Übernahme der Königswürde. Von einer neuen Königin war in diesem Zusammenhang keine Rede. Hatte man Nofretete etwa ausgebootet?

Der »Teenager-König«

Wenn Historiker über den Pharao Tutanchamun schreiben, verwenden sie gerne die Bezeichnung »Kindkönig«. Sie beziehen sich dabei auf das jugendliche Alter des Herrschers bei dessen Inthronisierung (ca. acht Jahre). Viel seltener wird für Amenophis IV., seinen Vater, die Metapher »Teenager-Pharao« gebraucht, obwohl sie mindestens genauso treffend ist.
Nicht mehr unstrittig ist unter den Gelehrten, dass Amenophis IV. eine Mitregentschaft mit seinem Vater einging. Auch über deren Dauer wird heftig gestritten. Wir entziehen uns dieser Debatte, denn letztlich handelt es sich wieder nur um mehr oder minder stichhaltige Fachaspekte, die zu neuen, bestätigenden oder ablehnenden Spekulationen zusammengestellt wurden. Der Verfasser hat zahlreiche dieser Konstrukte studiert und hält es mit dem Ägyptologen Marc Gabolde, der zu dem Ergebnis gelangt: »Amenophis IV. folgt wahrscheinlich ohne eine Periode der Koregenz auf seinen Vater Amenophis III.«
In anderer Hinsicht allerdings nähern sich die Expertenmeinungen allmählich an. Wir zitieren noch einmal Marc Gabolde: »Als Datum der Thronbesteigung Amenophis' IV. kann der 2. Tag des 1. Monats der ›Peret‹-Jahreszeit angenommen werden«, ist er nach entsprechenden Forschungen der Ansicht.
Wenn man diese Annahme teilt, kommt man wie Gabolde sehr schnell zu dem Resultat, dass Amenophis IV. zum Zeitpunkt seiner Inthronisierung tatsächlich höchstens neun oder

zehn Jahre alt war. Außer vielleicht seiner Mutter Teje ahnte zu diesem Zeitpunkt kaum ein Mensch, dass dieser Junge binnen kürzester Frist wie ein Vulkan explodieren und ganz Ägypten in ein Chaos ohnegleichen stürzen würde.

Davon war allerdings im 1. Regierungsjahr Amenophis' IV. noch nichts zu spüren. Das Volk mag mit Beruhigung zur Kenntnis genommen haben, dass der neue König offenbar den alten Gesetzen folgte. Amenophis IV. hatte genügend Kredit, um ein beliebter, umjubelter Potentat zu werden.

Die bis dahin schwierigste Aufgabe seines noch kurzen Lebens musste der kleine Amenophis noch vor der offiziellen Machtübernahme bewältigen – die Bestattung seines Vaters Amenophis III. im Tal der Könige in Theben-West. Wir werden es nie erfahren, aber könnte es sein, dass Amenophis' IV. religiöse Manie hier ihren Ausgangspunkt genommen hat? Wir haben bereits Marc Gabolde zitiert, der mit Blick auf die späteren religiösen Handlungen des Königs wohl zu Recht über die Anfänge bemerkt: »Bis zum Jahr 2 seiner Regierung bekannte er (Amenophis IV./Anm. d. Verf.) sich offenbar zur traditionellen Religion mit Amun als beherrschender Gottheit.«

Eines steht jedenfalls außer Frage: Wann immer auch die theologische Komponente zum Herzstück des Denkens und des Tuns von Amenophis IV. wurde, ab dem 3. Regierungsjahr veränderte sie Kemet in nicht für möglich gehaltener Weise.

Für die ersten Regierungsjahre ist als gesichert anzunehmen, dass Amenophis IV. als gerade Zehnjähriger nicht fähig war, die Regierungsgeschäfte alleine auszuüben. Gerade in der ersten Phase bedurfte es besonnener, erfahrener und vorausdenkender Berater, die wirklich das Wohl des Königs und des Landes im Auge hatten.

Nofretete kann dieser Gruppe nicht angehört haben. Wie auch soll eine Jugendliche geostrategische Analysen erstellen? Bestenfalls eignete sie sich wohl als Spielkameradin. Was immer sie mit Amenophis IV. zu dieser frühen Zeit vielleicht schon

verbunden haben mag, fruchtbare Diskussionen über geplante Militäroperationen dürften wahrlich nicht dazu gezählt haben, ebenso wenig die Aufteilung absehbarer Getreideerträge.
Gleichwohl lässt Nofretetes Absenz in den verschiedenen Quellen, angefangen bei Papyrustexten bis hin zu Malereien auf Grabwänden längst nicht den Schluss zu, Nefertiti habe zu Beginn der Amenophis-IV.-Periode noch keine (bevorzugte) Rolle im Leben des jungen Königs gespielt. Auch hier gilt: Wir wissen es schlicht und einfach nicht.
Sehr wohl können wir dagegen den überkommenen Hinterlassenschaften entnehmen, wer hinter den Kulissen die Strippen zog – sicher für den jungen Amenophis, vielleicht aber auch bereits zum Wohle Nefertitis. Von Bedeutung ist in diesem Zusammenhang ein Tontafelfund (Registriernummer EA 26) in Amenophis' IV. späterer Hauptstadt Achetaton. Archäologisch gesehen ist die Tonplatte ein regelrechtes Prunkstück altertümlicher Korrespondenz. Weitaus bedeutungsvoller ist der historische Wert von »EA 26«, entpuppte sich doch besagte Tontafel als Brief des Königs Tuschratta von Mitanni. In einer Passage des Schreibens bringt Tuschratta zu Ton: »Du weißt, dass ich selbst immer Freundschaft hegte für deinen Gemahl (gemeint ist hier Amenophis III./Anm. d. Verf.). (…) Möge mir deshalb dein Sohn (…) ebenfalls keinen wie auch immer gearteten Kummer bereiten (…).«
Das Schreiben lässt keinen Zweifel aufkommen: Die Empfängerin der Depesche war die einstige »Große königliche Gemahlin« und Mutter des amtierenden Pharao Amenophis IV. – Teje!

Die Strippenzieherin

Doch warum schrieb Tuschratta nicht an den König persönlich? Eigentlich hätte er mit seiner Umgehung des Königs und damit seiner Missachtung dcr diplomatischen Spielregeln einen regelrechten Affront auslösen müssen. Den wollte der Mitanni-König jedoch mit Sicherheit nicht heraufbeschwören, hätte er doch bei einer Militäraktion mit an Sicherheit grenzender Wahrscheinlichkeit den Kürzeren gezogen.

Stattdessen muss man dem obersten Mitanni-Fürsten Respekt zollen. Offensichtlich leistete sein Spitzeldienst hervorragende Arbeit. So wurde ihm nicht nur der Tod Amenophis' III. zugetragen, sondern zusätzlich, wer jetzt am Nil die Zügel in der Hand hielt. Und genau an diese Person und nicht an den »Teenager-König« wandte sich Tuschratta jetzt. Ein äußerst geschickter Schachzug – der bei Teje nicht ohne emotionale Wirkung geblieben sein dürfte.

Tuschrattas Brief stammt entweder aus dem Regierungsjahr 1 oder (was wahrscheinlicher ist) 2. Leider ist die Tafel genau an dieser Stelle beschädigt. In jedem Fall aber ist sie aus den allerersten Jahren von Amenophis' IV. Epoche.

Und so formierte Teje, die selbst noch den Tod ihres Gatten zu verkraften hatte, allmählich eine neue Führungsriege, die künftig hinter den pompösen Kulissen zum Wohle ihres noch unerfahrenen, kindlichen Sohnes agieren sollte. Wir haben keinen Beleg, aber aus den archäologischen Relikten der Folgezeit kann man durchaus ablesen, wer dem neuen Regime angehörte.

Hier sei ganz bewusst Nofretete an erster Stelle genannt – wohlwissend, dass sie zu dieser Zeit vielleicht noch gar nicht am Hofe weilte. Wie ausführlich beschrieben, ist es keinesfalls zwingend, dass sie und Amenophis IV. – quasi von Geburt an – den gleichen Lebensweg gehabt haben. Andererseits ist das eben aber auch nicht unmöglich. Das Fehlen jeglicher Hinterlassenschaft aus diesen ersten rund neun oder zehn Lebensjahren lässt vorläufig sämtlichen Vermutungen bedauerlicherweise Tür und Tor weit geöffnet. Wenn aber Nafteta am Hofe weilte, hatte Teje mit Sicherheit gleichzeitig

eine weitere Verbündete, nämlich Tia, Nofretetes Amme, wie wir bereits darlegten.
Ob die Amme Tia allerdings auch identisch ist mit der Tia, die mutmaßlich den späteren Pharao Eje ehelichte, ist noch immer nicht restlos geklärt, wenn auch im Augenblick vieles dafür spricht. Eje wiederum war seines Zeichens die graue Eminenz jener Epoche, eine Art »Henry Kissinger des alten Ägypten«. So ist es kaum vorstellbar, dass er Amenophis IV. nicht unterstützt hätte. Folglich war es der verwitweten Königin in allerhöchstens eineinhalb Jahren gelungen, ein dem König absolut loyal zur Seite stehendes Regime zu bilden.
Doch welche Aufgaben hatte Teje dem König während dieser ersten Phase wohl zugedacht? Amenophis IV. musste zweifellos die äußerst komplizierte Technik des Lesens und Schreibens vervollkommnen und bei offiziellen Anlässen selbstredend seine Repräsentationspflichten genauestens ausüben. Auf diesem Wege (z. B. wurde er sicherlich auch in militärischen und wirtschaftlichen Bereichen unterwiesen) erwarb der junge König schrittweise die Befähigung, Kemets Zukunft in absehbarer Zeit selbst zu prägen.

Der Suizid

Selbstredend gehörten dem inneren Führungszirkel des »Amenophis-IV.-Clans« noch weitere Persönlichkeiten an, die den Ägyptologen wohlbekannt sind. Einer dieser einflussreichen Adeligen war ein Mann, der ebenfalls den Namen Amenophis trug. Um Verwechslungen zu vermeiden, gab er sich den Beinamen »Sohn des Hapu«. Der Sohn des Hapu wirkte die meiste Zeit seines Lebens unter der Ägide Seiner Majestät Amenophis' III. und gehörte zur absoluten Elite des Landes. Und das nicht nur in einem Bereich. Nicholas Reeves listet in seinem Buch *Echnaton* die Fähigkeiten von Hapus

Sohn Amenophis auf. Demnach war er der große Baumeister des Nillandes, ein Verwaltungsgenie erster Güte, ein wahrhaft Weiser und nicht zuletzt ein »Erforscher des Geheimnisvollen«. Den gelegentlich immer wieder zu vernehmenden Vergleich mit Leonardo da Vinci braucht der Sohn des Hapu bestimmt nicht zu scheuen.

Das in der Bevölkerung gleichermaßen bekannte wie beliebte Multitalent war ob seiner Klugheit mit Sicherheit in die Unterrichtung Amenophis' IV. eingebunden – wenn nicht sogar federführend. In jedem Fall beteiligte sich Hapus Sohn auch nach dem Tod von Amenophis III. an der Erziehung des Königs. Allerdings nicht mehr lange, denn sein Leben mündete in einem Kriminalfall.

So jedenfalls hat es später der im dritten Jahrhundert v. Chr. lebende Historiker Manetho berichtet bekommen. Demnach soll der weise Berater während der Regierungszeit Amenophis' IV. zum Suizid genötigt worden sein. Anlass sei seine Furcht vor dem Zorn Gottes gegen sich und Pharao (gemeint ist Amenophis IV.) gewesen. Manethos Begründung ist nicht schlüssig und gelinde gesagt verwirrend. Aber das ist bei dem emsigen Geschichtsschreiber keine Seltenheit. Man kann jedoch davon ausgehen, dass die der Schilderung zugrunde liegenden Angaben der Realität entsprechen. Und da der Sohn des Hapu ausdrücklich als Selbstmörder genannt wird, ist es höchstwahrscheinlich richtig, einen realen Zusammenhang der Beschreibung mit seiner Person anzunehmen.

Was immer letztlich auch zutreffen mag: Der Übergang von einer Regierung zur nächstfolgenden scheint doch nicht so reibungslos und gelungen abgelaufen zu sein, wie uns das die altägyptischen Quellen weismachen wollen. Ob Nofretete dabei eine – wenn auch nur untergeordnete – Rolle spielte? Eines aber steht fest. Mit einer untergeordneten Rolle gab sich Nafteta bald nicht mehr zufrieden.

Die Hochzeit

Die beiden vorhergehenden Kapitel haben uns gezeigt, dass die ersten Jahre von Echnatons Regierungszeit ziemlich ereignislos verliefen. Diesen Standpunkt vertritt auch der Ägyptologe Michael E. Habicht: »In den ersten zwei Jahren tat sich unter der Herrschaft Amenhoteps IV. vordergründig nicht viel Neues.« Der Mann hat sorgfältig überlegt. *Vordergründig* hat sich wirklich nicht viel ereignet. Tatsächlich aber steckt der Teufel im Detail, denn bei genauer Betrachtung der Dinge stellt sich heraus, dass diese frühe Spanne der Regierung Amenophis' IV. geprägt war von einer Art »Politik der kleinen Schritte«. Einige davon waren wirklich klein und leise, andere dagegen laut und prunkvoll.

Von jedem etwas hatte sicher die Bestattung seines Vaters, an der er wohl als erste offizielle Amtshandlung mitwirkte. In diesem Zusammenhang: Praktisch unmittelbar mit der Beerdigung ging für gewöhnlich die Aufnahme der Planungen des königlichen Mausoleums für den nunmehr regierenden Pharao einher. Das wird sich bei Amenophis IV. zunächst auch nicht anders verhalten haben. Jedenfalls existiert im Westbereich des Tals der Könige eine unfertige Gruft, die ihm zugeschrieben wird.

Doch in Bezug auf den neuen Herrscher stellt sich der Ägyptologie noch eine andere Problematik – war Amenophis IV. zum Zeitpunkt seiner Machtübernahme bereits verheiratet oder betrat er als »Solo-Pharao« die Weltbühne?

Drei Theorien »geistern« durch die Gelehrtenstuben. Mit

15 Wie zwei verliebte Teenager: Das »Ehepaar Echnaton« Hand in Hand gemeinsam durchs Leben schreitend. Die Wahrheit sollte etwas anders aussehen.

Theorie 1 wird meist die Auffassung verbunden, Amenophis IV. sei noch nicht vermählt gewesen. Demnach habe es logischerweise vor dem Tode seines Vaters auch noch keine Hochzeit gegeben. Dieses Szenario stimmt mit der archäologischen Fundsituation überein. Sie existiert nämlich nicht! Dies gilt übrigens, und das macht die Sache so kompliziert, für alle drei Varianten.

Nehmen wir Theorie 2: Sie gipfelt in der Mutmaßung, der »Teenager-König« habe zeitgleich bei seiner Inthronisierung eine »Große königliche Gemahlin«, Nofretete, präsentiert. Mangels wider- oder belegender Artefakte können sich auch deren Befürworter lediglich auf dem Feld purer Spekulation bewegen.

Und wie ist es um Theorie 3 bestellt, die besagt, die Vermählung Nofretetes sei erst irgendwann nach Beendigung der Trauerfeierlichkeiten für Amenophis III. und der offiziellen Amtsübernahme ihres künftigen »Göttergatten« erfolgt? Nun, die Richtigkeit dieser Schlussfolgerung bleibt bis heute ebenfalls ohne jedweden archäologischen Beleg.

Wir müssen uns damit abfinden: Niemand kennt Nofretetes Geburtsjahr. Niemand weiß, wer ihre Eltern waren, und niemand kann den Zeitpunkt ihres Aufstiegs zur Königin von Kemet bestimmen.

Auch über den genauen Zeitpunkt der Geburt ihrer insgesamt sechs Kinder haben wir keine verbindlichen Quellen. Wohl mehrheitlich nehmen die Ägyptologen an, dass die Erstgeborene spätestens im Jahr 5 der Regentschaft Echnatons das Licht der Welt erblickt hat. Jedenfalls meint der Experte Marc Gabolde dazu: »Ab Jahr 5 ist ihre erste Tochter, Meritaton, belegt.« Einen wesentlich früheren Zeitrahmen favorisiert dagegen Habicht. »Ich gehe davon aus«, so seine Ansicht, »dass Nefertiti noch im Jahr 1 mit der ältesten Tochter Meritaton schwanger wurde (…).« Geboren wurde Meritaton, wie wohl auch ihre beiden nächsten Schwestern, Maketaton und Anchesenpaaton, in Theben.

Sehr viel besser als über die Verhältnisse am Hof wissen wir Bescheid, welche politischen Umwälzungen Amenophis anstrengte. Der Wissenschaftler Michael Habicht meint dazu: »Ab dem zweiten Regierungsjahr des neuen Pharaos kam es zu größeren kulturellen Veränderungen, indem Amenhotep IV. das Sedfest zur Erneuerung der Königsmacht in seinem Sinne umgestaltete.« Was war das »Heb-Sed-Fest«?

Die Antwort gibt uns die kompetente englische Wissenschaftlerin Joyce Tyldesley: »Das heb-sed, eine Tradition, die bis in die Frühzeit der ägyptischen Geschichte zurückreichte, war ursprünglich eine öffentliche Zeremonie der Wiedergeburt,

die die Macht des Königs nach jeweils 30 Herrschaftsjahren neu bekräftigen sollte.«
Erstmals war das Erstaunen über Amenophis IV. groß. Schließlich war Pharao vom Sed-Fest noch besagte 30 Jahre entfernt! Warum sollte es schon so kurz nach seiner Inthronisierung gefeiert werden? Freilich galt die 30-Jahre-Regelung nur für den bisherigen Modus.

Die Heb-Sed-Revolution

Amenhotep jedoch änderte diese uralte Regel. Das Fest sollte im 2. oder 3. Jahr durchgeführt werden. Damit konnte der König zweifelsohne beim Volk »punkten« und in der Beliebtheit steigen. Habicht scheint bei seinen Studien auf der richtigen Fährte zu sein: »Der frühe Zeitpunkt überrascht eigentlich nicht, denn Amenhotep IV. benutzte das Fest, um dem Volk seine Erneuerungen zu vermitteln.« Er zieht deshalb folgendes Resümee: »Ideologisch ist es als eine kultische Einführung der neuen Aton-Religion zu verstehen.« Ein geschickter Schachzug, die Einführung eines neuen Gottes mit einem Fest zu verbinden und damit positiv beim Volk zu verankern. Wenn man sich die letzten drei Kapitel noch einmal vergegenwärtigt, so kommt man bei objektiver Analyse zu dem Resultat, dass man entgegen der häufig verbreiteten und wiederholten Auffassung, die ersten Herrscherjahre von Amenophis IV. seien relativ traditionell verlaufen, wohl ein neues Fazit ziehen muss. Die Jahre 1 und 2 seiner Regentschaft waren jedenfalls mitnichten ruhig und beschaulich.
Im Gegenteil: Neben der Heb-Sed-Revolution gab es noch einen zweiten Akt, bei dem es Amenophis IV. bereits nicht mehr bei einem freundlichen Festakt zugunsten seines neuen Sonnengottes bewenden ließ. Der Vorgang stammt ebenfalls aus dem Jahr 1 des Herrschers und richtete sich gegen seine

innenpolitischen Hauptkontrahenten, die Priesterschaft des Reichsgottes Amun. Demonstrativ gab Amenophis IV. grünes Licht für den sofortigen Baubeginn von nicht weniger als vier Tempelanlagen in Theben für den Sonnengott Re-Harachte. Für Amun hingegen wurde keine einzige genehmigt! Man kann sich leicht denken, wie diese Missachtung auf den Amun-Klerus wirkte. Der oberste Gott Kemets musste tatenlos zusehen, wie der kleine Pharao ihn derart demütigte – und das jeden Tag sichtbar für jedermann.

Es ist wohl kaum davon auszugehen, dass der eben erst »flügge« gewordene Amenophis IV. diese Maßnahmen ersonnen und durchgeführt hat. Vielmehr tragen diese Schachzüge eindeutig die Handschrift seiner Mutter Teje, der »Grand Madame« bei Hofe. Sicherlich aber wird sie Echnaton bzw. das neue Königspaar in ihre Überlegungen einbezogen haben.

Tejes Ziel war es dabei, die Fronten zu klären. Wer, lautete die Mutter aller Fragen, ist auf unserer Seite und wer ist den alten Traditionen verhaftet? Gab es überhaupt eine reelle Chance, dass sich Gott Aton an die Spitze des Pantheons würde setzen können? Immerhin verehrte das Volk seit rund 1500 Jahren seine Götter – und: Die Ägypter waren zufrieden mit ihren Göttern. Kemet stand immerhin an der Spitze der damals bekannten Welt. Warum also einem neuen Staatsgott huldigen?

Die Meinungen zu und über Amenophis' »neuen« Gott waren in diesem zweiten Abschnitt seiner Regierung (ca. ab Jahr 3) nicht mehr ganz so positiv wie noch zu Beginn seiner Regentschaft. Auf beiden Seiten nahmen die Wortgefechte an Schärfe zu. Ob es in diesem Stadium auch zu ersten bewaffneten Zusammenstößen kam, wissen wir nicht. Amenophis setzte weiter auf architektonische Machtgebärden. Im Jahr 3 ließ der König in Karnak mit den Arbeiten an seinem neuen Sonnentempel beginnen. Er nannte das Bauwerk Gempaaton, was so viel wie »Aton ist gefunden« bedeutet. Aber das war nur der erste Streich, denn Gempaaton, so sollte sich neugierigen Spionen bald darstellen, war seinerseits lediglich ein Teilbau einer wiederum nochmals ausgedehnteren Konfiguration, die man Peraton, »das Haus des Aton«, titulierte. Messungen jüngeren Datums ergaben für die Gesamtausdehnung des Religionsbaues die stolze Länge von 200 Metern – und das bei imposanten 60 Metern Breite. Das Beeindruckendste an Peraton war allerdings die Geschwindigkeit, mit der die Tempelkonstruktion aus dem Boden gestampft wurde. Experten legen eine maximale Bauzeit von rund zwei, zweieinhalb Jahren zugrunde. Wie soll das möglich gewesen sein? Die Antwort besteht aus lediglich einem Wort – »Talatat«.

»Talatat« – das Zauberwort der Bautechnik

Der Begriff wird in der Ägyptologie als Bezeichnung für die kleinen Bausteine verwendet, mit denen man speziell die meisten Anlagen Amenophis' IV. errichtete. Der Name hat seinen Ursprung vermutlich in dem arabischen Begriff »talâta« (= drei), weil jeder Stein drei Handspannen breit ist. So jedenfalls lautet die Erklärung der Ägyptologin Emma Brunner-Traut.*

Es war auch diesmal wieder, wie es so oft in der ereignisreichen Historie der Ägyptologie gewesen ist: Die großen Entdeckungen und die richtungsweisenden archäologischen Verfahren und somit die »Big Points« dieses Wissenschafts-

* Brunner-Trauts Erklärung ist vielleicht die plausibelste, die einzige ist sie allerdings nicht. So weist Experte H. W. Müller auf eine alte mündliche Überlieferung hin, wonach der Name besage, dass man die rechteckigen Blöcke seinerzeit in Dreiergruppen aufgeschlichtet habe.

zweiges gelangen vornehmlich Außenseitern und sogenannten Amateuren. Erinnert sei nur an das Beispiel Howard Carter und das Grab des jungen Tutanchamun.
In unserem Fall war der Ausgräber nicht Howard Carter, sondern der US-Amerikaner Ray Winfield Smith und das »Grab des Tutanchamun« bestand nicht aus vier Kammern, sondern etwa 16 000 Talatat-Blöcken, die in Karnak unkatalogisiert in einer großen, fensterlosen Lagerhalle aufgeschlichtet herumlagen – ohne dass ihnen von Fachseite her die ihnen gebührende besondere Aufmerksamkeit zuteil geworden wäre. Doch Ray W. Smith fing bereits an, sich für die Blöcke zu begeistern. Was könnten uns diese Steine nicht alles über die Amenophis-IV.-Periode berichten, dachte sich der Altägypten-Freak. Damit aber nicht genug: Als ehemaliger Diplomat war er zugleich auch ein Mann der Tat. So verwundert es nicht, dass er nur wenige Tage später in dieser Angelegenheit bei dem seinerzeitigen Generalsekretär der ägyptischen Altertümerverwaltung, Anwar Shoukry, vorstellig wurde. Der hörte schmunzelnd zu, als der einstige Diplomat über die Blöcke schwadronierte. Am Ende der Unterhaltung stellte Smith, fast schon provokant, die Frage: »Sollte man die Steine im Lager nicht genauer untersuchen?« Gelassen antwortete Anwar Shoukry, dass die Steine einer weiterführenden archäologischen Bearbeitung sicher wert seien. Deshalb sagte er an Smith gewandt: »Ja, warum tun Sie es nicht?« Smith' Entdeckergeist war endgültig geweckt.
Wie sich herausstellte, paarte der Amerikaner Intelligenz mit Wissen und Erfindergeist mit praktikablen Bearbeitungsmethoden. Wie die Praxis ferner erwies, war genau das alles zusammen notwendig, um den Tempel vielleicht eines fernen Tages wieder erstehen zu lassen. Um diesen Traum zu realisieren, setzte Smith – vielleicht sogar als erster »Ägyptologe« überhaupt – einen Computer ein. Und tatsächlich machte sich dessen Nutzung bezahlt, denn eines schönen Tages, Ray

16 Kleinformatige einheitliche Blöcke aus weichem Sandstein, sogenannte »Talatat«, verkürzten die Bauzeit der Tempelanlagen während der Amarna-Periode erheblich.

Winfield Smith hatte gerade das Büro betreten, schrie eine Mitarbeiterin lauthals: »Es passt zusammen!« Und tatsächlich: Zum ersten Mal war es gelungen, das undurchdringliche Chaos an einer Stelle doch zu ordnen. Der Anfang war gemacht. Nunmehr folgte in unregelmäßigen Zeitabständen Block auf Block.

Und mit jedem Klotz wuchs die Bedeutung Nofretetes, denn es sollte sich herausstellen, dass dieser Tempel dem neuen Gott Aton geweiht war und gleichfalls zu Ehren seiner ersten Dienerin – Nofretete. Denn am Ende des Projektes zog das Smith-Team Bilanz. Das Ergebnis war unglaublich, ja sensationell. Die Addition der Erwähnungen der Namen des Herrscherpaares in dem neuen Tempel ergab, dass Nafteta Amenophis IV. die Show gestohlen hatte. Brachte es der Pharao auf immerhin 320 Darstellungen, konnte man Nefertiti auf 564 Abbildungen nebst Namenskartusche zählen. Derartiges hatte es bis dahin im Nilland noch nie gegeben! Die »Große königliche Gemahlin« stellte (quasi bei ihrem ersten offiziellen Auftritt) den Herrscher des Großreiches glatt in den Schatten! Und eine Frau mit einer derart starken Persönlichkeit und offensichtlich enormem Durchsetzungsvermögen soll bei Hofe »inkognito« geblieben sein? Das hieße wohl die unwahrscheinlichste Variante zu favorisieren. Auf der anderen Seite haben wir bereits erfahren, dass Nofretete bis zur Machtübernahme ihres Gatten im Nebel des Hofes für uns unauffindbar bleibt. Wie passt das zusammen?

Vielleicht ist die Lösung dieses Rätsels naheliegender und einfacher, als man denkt. Sie basiert auf den DNA-Analysen der vorhandenen Königsmumien aus der Amarna-Epoche (ca. 1350–1321 v. Chr.) im Jahr 2010. (Wir werden später ausführlich darauf eingehen.) Daraus hat der Ägyptologe Michael E. Habicht folgendes interessante Gedankenkonstrukt entwickelt: Bei der DNA-Analyse des Jahres 2010 sei »praktisch zweifelsfrei nachgewiesen« worden, dass die Mumie aus dem Königsgrab KV 55* im Tal der Könige der Sohn von Teje und König Amenophis III. sei und »somit als Akhenaton (= Echnaton) identifiziert werden muss«.

Darüber hinaus, fährt Habicht fort, hatte Teje nachweislich auch eine Tochter. Sie trägt in Unkenntnis ihrer Identität das ägyptologische Kennzeichen »KV 35YL«, wobei YL für »Younger Lady«, also »Jüngere Dame« steht. Diese wiederum soll gemäß Habicht mit Amenophis IV. den gemeinsamen Sohn Tutanchamun gezeugt haben. Den Ägyptologen führt dies zu der Ansicht, Nefertiti sei demnach die Tochter von König Amenophis III. und seiner »Großen königlichen Gemahlin« Teje. In dieser »Position« soll Nafteta ihren Bruder Achanjati geehelicht haben.

---

* KV steht für Kings Valley, also für Tal der Könige. Die nachfolgende Zahl (hier 55) steht für die zugewiesene, in chronologisch aufsteigender Reihenfolge vergebene Grabnummer.

Das Problem ist nur: Nicht eine einzige Quelle bezeichnet Nofretete als »Tochter des Königs«, wie es damals für Prinzessinnen üblich gewesen ist. Darauf hat der französische Altägypten-Experte und bekannte Romancier Christian Jacq bereits 2000 hingewiesen.

Also war's das dann mit der Inzest-These? Mitnichten! Denn es gibt da noch eine durchaus nicht unägyptische Eigenheit, wonach bestimmte hochgestellte Persönlichkeiten aus unterschiedlichsten Motiven heraus ihren Namen änderten. So sollte es sich, religiös bedingt, auch bei Amenophis IV. verhalten, der unter seinem zweiten Namen, Echnaton (»dem Aton wohlgefällig«), Berühmtheit erlangte. Warum sollte es ihm Nofretete nicht gleichgetan haben? Erinnern wir uns: Amenophis IV./Echnaton/Achanjati hatte mindestens vier Schwestern: Isis, Satamun, Henut-taunebu und letztlich die faktisch unbekannte Nebetah. War eine dieser Damen die spätere Nofretete? Eine interessante Überlegung ist es allemal.

Was die Frage nach der Hochzeit von Nofretete und Echnaton angeht, so lässt sich durch den Bau des Aton-Tempels in Karnak der Zeitraum wenigstens nach unten etwas eingrenzen. Da die Baulichkeiten an der Tempelanlage Peraton vermutlich im Jahr 3 begonnen haben und dort Nofretete in überproportionaler Weise Platz fand, dürfte die Hochzeit wohl allerspätestens zu dieser Zeit stattgefunden haben.

Wenden wir uns nunmehr dem Gott zu, der Nofretete und Echnaton zusammenführte. Oder sollte man zutreffender sagen, dass wir uns nunmehr dem Gott zuwenden, den letztlich Echnaton und Nofretete geschaffen haben?

Ein Gott (entsteht)

Mit dem Bau des gigantischen Tempelkomplexes Peraton in Karnak nahm am Nil die schleichende religiöse Umgestaltung ihren Lauf. Der angesehene Ägyptologe Hermann Schlögl meint dazu: »Geweiht war er (der Tempel/Anm. d. Verf.) dem neugeschaffenen Gott Aton«, und Habicht pflichtet bei: »Der neue Gott Aton wird (im Tempel v. Karnak/ Anm. d. Verf.) aber bereits in seiner neuen Ikonographie als Sonne mit Strahlenarmen dargestellt.«
Der geschätzte deutsche Forscher Erik Hornung gelangt sogar zu der Ansicht: »Zum ersten Mal in der Weltgeschichte lässt sich hier aus der Nähe miterleben, wie ein Gott entsteht. Es ist, als trete der Aton aus der überlieferten Gestalt des Sonnengottes plötzlich hervor.« Hier ist sich die Ägyptologie zu weiten Teilen ausnahmsweise einmal einig: Die Strahlen aussendende Sonnenscheibe Aton ist ein unter der Ägide Echnatons und Nefertitis aus der Taufe gehobener Gott. Zumindest Zweifel sind an dieser Sichtweise angebracht, denn bei genauer Betrachtung stellt sich heraus, dass Aton schon *vor* der Wirkungsperiode des Herrscherpaares im lukrativen Religionsgeschäft aktiv war. So nannte Amenophis III. eines seiner prunkvollsten Staatsschiffe »Strahlenglanz des Aton« und bezeichnete seinen prächtigen Palast in Theben mit dem gleichen Titel. Da Echnaton bei seiner Machtübernahme erst ca. zehn Jahre alt war, kann er schlichtweg keinen wie auch immer gearteten Einfluss auf diese Entscheidungen genommen haben. So verwundert es nicht, dass unter anderem die

17 Nofretete unter den »Strahlenarmen« ihres Gottes Aton.

promovierte Ägyptologin Joann Fletcher in dieser Hinsicht zu der Schlussfolgerung kommt: »Echnaton wurde die Anerkennung für eine religiöse und künstlerische Revolution zuteil, die sein Vater schon Jahre zuvor eingeleitet hatte.« Ganz genau betrachtet kann auch Amenophis III. nicht für sich in Anspruch nehmen, als »Aton-Erfinder« in die Weltgeschichte eingegangen zu sein. Vielmehr mühten sich auch dessen Amtsvorgänger Amenophis II. und Thutmosis IV., den bereits zur Zeit der Pyramidenbauer praktizierten Sonnenkult zu erneuern.

In einem Punkt aber waren Nofretete und Echnaton allerdings sehr wohl die Spitzenreiter in der Verbreitung der neuen Lehre – nämlich in der Brutalität und Listigkeit, mit der sie Aton installierten. Ab dem Jahr 3 von Echnatons Regentschaft rumorte es nicht nur in Kemet – es begann

vielmehr bereits regelrecht zu brodeln. Wer aber war die treibende Kraft hinter den Kulissen, die den Aufstieg Atons zielstrebig und unnachgiebig forcierte?
Echnaton hatte zwar offiziell die absolute Befehlsgewalt über das von seinen Vorgängern geschaffene Imperium. Aber das allein befähigte ihn nun wirklich noch nicht, den Aton-Thron zu besteigen und autonome Innen- und Außenpolitik zu betreiben. Selbst Exkönigin Teje, bei der zu dieser Zeit höchstwahrscheinlich noch immer sämtliche Fäden zusammenliefen, konnte keine Richtlinien in Stein meißeln, hatte sie doch mit dem Tode Amenophis' III. automatisch die Königinnenwürde verloren.
Die besaß jetzt Nofretete. Falls es zutreffen sollte (wovon der Autor ausgeht), dass sie um die entscheidenden paar Jahre älter war als ihr Gatte, konnte sie schon wesentlich besser bei bestimmten politischen Sachverhalten mitsprechen. Was könnte diese Mutmaßung besser stützen als der Aton-Komplex von Karnak, auf dem Nofretete in nie zuvor gekannter Art und Weise so dominant im Vergleich zum König abgebildet und genannt wird.
Wir können also davon ausgehen, dass nunmehr, konkret ab Achanjatis 3. Regierungsjahr Nofretete zur heimlichen Herrscherin über das Land am Nil herangereift war. Wenn auch nur für eine kurze Übergangszeit, maximal zwei Jahre, war sie die Nummer eins am Königshof und im Aton-Tempel wohl ebenfalls. Für Ägypten war diese Zeitspanne extrem ereignisreich. Außenpolitisch zogen dunkle Wolken auf und innenpolitisch folgten die ersten handfesten Auseinandersetzungen mit den Vertretern der polytheistischen Priesterschaft – allen voran dem mächtigen Klerus des Reichsgottes Amun. Amun stand an der Spitze des Pantheons – und genau diesen Platz sollte ihm jetzt Aton streitig machen. Keine Frage, da war Ärger im Verzug und es bestand Klärungsbedarf. Was mit harten, aber fairen Diskussionen und herr-

lichen Tempelerrichtungen seinen Anfang nahm, eskalierte alsbald. Denn nur allzu schnell rochen die Amunpriester den Braten: Naftetas und Achanjatis wahre Absicht war es längst nicht nur, Aton als neuen Reichsgott zu installieren – er sollte vielmehr die gesamte Götterschar Kemets ablösen. Das Herrscherpaar beabsichtigte nicht mehr und nicht weniger, als den ersten Eingottglauben der Menschheitsgeschichte durchzusetzen. Neben der Grundannahme, dass es neben Aton keine anderen Götter gebe, seien hier exemplarisch einige wenige Kernelemente der monotheistischen »Neuen Lehre« genannt:

- Allein der Pharao konnte mit Aton kommunizieren. Allen anderen Anhängern des Gottes war dies verwehrt.
- Die Anbetung der »alten Götter« war verboten.
- Aton allein war es, der in seiner Gestalt als Sonnenscheibe Licht, Wärme und Wachstum spendete – und somit das Leben.

Der mysteriöse Aton-Hymnus

Enthalten sind diese zentralen Punkte auch im so bezeichneten »Aton-Hymnus«. Fälschlicherweise wird er als eine Art Bibel oder Koran der Amarna-Periode bezeichnet. Der Vergleich hinkt jedoch arg, wie die Analyse noch zeigen wird. Andererseits hält der Hymnus eine überraschende Textpassage bereit, die im Lichte neuer Quellen betrachtet äußerst mysteriös wie gleichermaßen interessant erscheint. Die nachfolgende Fassung des Großen Aton-Hymnus beruht auf der im Südfriedhof von Tell el-Amarna lokalisierten Inschrift im Felsengrab Nummer 25 des nicht minder mysteriösen »Gottesvaters« Eje. Die Textvorlage folgt u.a. der Erstpublikation des französischen Ägyptologen U. Bouriant von 1884.

»(…) Schön sind die Erscheinungen des Ra, Einziger des Ra, Sohn des Ra,
Sohn des Ra, der von der Wahrheit lebt, Herr der Erscheinungen,
Echnaton, groß in seiner Lebenszeit.
Die Große königliche Gemahlin, die er liebt,
die Herrin der beiden Länder (Ober- u. Unterägypten/Anm. d. Verf.).
Schön ist die Vollkommenheit des Aton, *die Schöne ist gekommen* (Name Nofretetes/Anm. d. Verf.), möge sie leben, möge sie gesund sein, immer und ewig.

1-Er spricht:
Schön erhebst du dich
am Horizont des Himmels,
Lebender Aton,
mit dem alles Leben beginnt.
Bei deinem Aufgang im Osten erfüllst du jedes Land
mit Schönheit.
Fürwahr: Gütig bist du und groß,
hochstrahlend über allem Land.

2-Deine Strahlen umarmen die Erde
bis zum Rand deiner Schöpfung.
Denn du bist Re.
Du erreichst ihre Grenzen und unterwirfst sie
deinem geliebten Sohn.
Fern bist du, und doch ist dein Strahlenglanz über der Erde.
Und es sehen dich die, doch niemand
begreift deinen Weg.

3-Lässt du dich im westlichen Lichtort nieder,
hüllt Dunkel die Erde,
Dunkel, als sei sie erstorben.
Und es schlafen verhüllten Hauptes die Menschen –

sieht nicht ein Gesicht das andere.
All ihr Besitztum –
raffte man es selbst unter ihren Häuptern hinweg:
Es spürte niemand.

4-Sein Lager verlässt das Raubzeug
und Schlangenbiss droht.
Dunkelheit ist das einzige Licht,
die Erde schweigt.
In seiner Wohnstatt der Schöpfer ruht.

5-Doch die Erde erstrahlt,
wenn du dich am Morgen erhebst.
Und, am Tage erglänzend, als Aton scheinst.
Strahlen aussendend vertreibst du die Nacht,
und beide Länder feiern ein Fest.
Die Menschen erwachen, sie stehen auf.
Du bist es, der sie sich erheben lässt!
Die Glieder gewaschen, kleiden sie sich,
erheben die Arme in Ehrfurcht zu dir,
bei deinem Erscheinen.
Ihr Tagwerk
verrichtet nun die gesamte Welt.

6-In Frieden ziehen Scharen weidenden Viehs,
es ergrünen Baum und Strauch. Und aus seinem Nest
fliegt der Vogel, seine Schwinge preist
deine Kraft.
Und munter springt jedes Tier.
Was da Flügel hat, lebt,
denn aufgegangen bist du über ihm.
Schiffe ziehen flussauf und flussab,
jeder Weg steht offen in deinem Licht.
Vor dir im Strom schwimmt der Fisch – ja ins Herz.
Den See durchdringt dein strahlender Glanz.

7-Du, der du der Frauen Schoß Fruchtbarkeit schenkst,
der dem Manne Samen bereitet,
der du dem Kinde im Mutterleib das Leben gibst,
der es tröstet, damit es nicht weint,
der du das Ungeborene ernährst,
Du bist es, der sämtlichen Geschöpfen Atem gibt.

Bei der Geburt
tritt das Kind aus dem Leib.
Dann öffnest du ihm den Mund und spendest ihm Nahrung.
Dem zirpenden Vogel im Ei
leihst du Atem, um ihn zu erhalten.
Du setzt ihm eine Frist, die Schale zu zerbrechen.
Du rufst ihn hervor,
und soviel er vermag,
er zeugt doch von dir, wenn er auf seinen Füßchen
umherspringt,
sobald er hervorkommt.

8-Wie mannigfaltig sind deine Werke!
Sie sind dem menschlichen Blick verborgen.
Oh einziger Gott, dem kein anderer gleicht,
nach deinem Willen hast du allein
die Erde geschaffen, die Menschen, die Herden,
großes und kleines Getier, und alles,
was auf Erden nur weilt, auf Füßen
umhereilt und fliegend sich hoch in die Lüfte erhebt.
Alle die Lande von Syrien und Kusch und Ägypten –
du stelltest jeden an seinen Platz,
und gabst, wessen er nur bedurfte.
Einem jeden wurde seine Nahrung zuteil.
Gezählt wurden jedem die Tage.
Es unterscheiden im Sprechen sich Zungen.
Verschieden sind Art und Farbe –
unterschiedlich hast du die Völker geschaffen!

9-Unter der Erde schufst du Wasser,
und du lässt es zutage treten
nach deinem Belieben,
das Volk Ägyptens zu erhalten,
wie du es dir erschaffen hast.
Oh göttlicher Herrscher ihrer aller,
der für sie Mühsal auf sich nimmt,
Herr aller Länder – für sie leuchtend,
Aton des Tages, an Herrlichkeit groß!
Auch fernen Ländern schenkst du Leben.
An den Himmel setzt du einen Nil,
um auch ihren Bergen Wasser zu spenden
mit meergleicher Flut
und die dürstenden Äcker der Dörfer zu tränken.
Wie herrlich, Herrscher der Ewigkeit,
sind deine Pläne!
Eine himmlische Nilflut –
sie gabst du den Fremden
und dem Wild ihrer Lande.
Doch der wirkliche Nil aus der Unterwelt,
quillt für Ägypten.
Deine Strahlen nähren jegliche Flur, wenn du scheinst.
Alles lebt und wächst für dich.
Jahreszeiten hast du geschaffen,
um zu erhalten, was du vollbracht:
Den Winter zur Kühlung,
den Sommer zu verkosten.
Den Himmel machst du fern,
um zu sehen, was allein du erschaffen hast.

10-Strahlend in deiner Gestalt sich erhebend,
als lebender Aton, den Tag über leuchtend –
millionenfache Gestalten schufst du allein
aus dir selbst:
Städte, Dörfer, Felder und Straßen

und den Fluss.
Aller Augen sehen dich vor sich,
den Aton des Tages,
über allem, was du nur erschaffen.

11-In meinem Herzen bist du,
doch sonst ist niemand, der dich kennt.
Nur Echnaton, deinem Sohn,
hast du Einsicht gegeben
in deinen Plan, deine Macht.

12-Die Welt entsteht auf deinen Wink, wie du sie geschaffen hast.
Bist du emporgestiegen, leben sie,
gehst du unter, so sterben sie.
Man lebt durch dich, denn du bist selbst die Lebensspanne.
Die Augen sind auf deine Schönheit gerichtet, bis du untergehst, denn
alle Arbeit wird niedergelegt, wenn du im Westen versinkst,
doch der Aufsteigende kräftigt sämtliche Arme für den König,
und es eilt jedes Bein.

13-Seit du die Welt schufst, erhebst du sie
für deinen Sohn, der aus deinem Leib hervorgekommen ist,
den König von Ober- und Unterägypten, Nefercheprure Wa-en-Ra,
den Sohn des Re, der von der Wahrheit lebt,
den Herrn der Diademe, Echnaton, groß in seiner Lebensspanne,
und die große Königsgemahlin, die er liebt,
die Herrin beider Länder, Nofretete,
die lebendig und verjüngt ist
für alle Zeit.

18 Der Große Aton-Hymnus auf einer Wand im Grab des »Göttervaters« Eje. Nicht wenige Experten mutmaßen, Echnaton habe diesen Text gemeinsam mit Nofretete verfasst.

Obwohl vom Umfang her auch nicht annähernd mit dem Koran oder der Bibel vergleichbar, ist der Große Aton-Hymnus dennoch das bedeutendste, uns überkommene theologische Dokument der »Neuen Lehre« Echnatons. Nicht wenige Experten mutmaßen, Achanjati habe diesen Text selbst verfasst.

Aber mit an Sicherheit grenzender Wahrscheinlichkeit hat der König den Hymnus nicht im stillen Kämmerlein niedergeschrieben. Der alternde »Gottesvater« Eje – zwischenzeitlich Jahr für Jahr im Ansehen des Herrscherpaares gestiegen – und vielleicht auch der weise Amenophis, »Sohn des Hapu«, werden den Text mit be- und überarbeitet haben. Doch wie hoch auch immer man ihren Beitrag zu dem Hymnus einschätzen mag, der Erste, der sich daran zu Werke machte, war mit Sicherheit keiner aus dieser Riege.

Wir können dies deshalb so fest behaupten, weil ein Brüderpaar, Suti und Hor, auf zwei mehr oder minder gut erhaltenen Stelen bereits Textpassagen des Aton-Hymnus in auffallend ähnlicher Weise »vorwegnahmen«. Hinzu kommt: Die beiden Architekten waren Zeitgenossen von Amenophis III. Folglich kann man mit hoher Treffsicherheit davon ausgehen, dass das Brüderpaar bereits vor der Verkündigung des Aton-Hymnus mit der neuen Lehre in Berührung gekommen war.

Eine Person aber hat Echnaton nicht nur tatkräftig bei der Abfassung unterstützt, sondern dabei auch unverkennbar eigene Ideen in die »Religion des Lichts« eingebracht – Nofretete.

Göttin Nofretete

Wie wir im vorangegangenen Kapitel gesehen haben, werden im Aton-Hymnus nur zwei Persönlichkeiten namentlich erwähnt: Echnaton und Nofretete. Was auf den ersten Blick weder überraschend noch besonders auffällig ist, hat in Wahrheit einen traditionsreichen und theologisch äußerst bedeutsamen Hintergrund.

Normalerweise setzte sich die Spitze der Götterschar, die sogenannte Triade, aus drei Göttern aus dem Pantheon zusammen. Derartige »Gruppen« bildeten in der 18. altägyptischen Dynastie die Triaden in Theben (hier die Gottheiten Amun, Mut, Chons) sowie Memphis (mit Ptah, Sachmeth und Nefertem). Der Aton-Hymus macht nun deutlich, dass neben dem an der Spitze stehenden Aton Echnaton und Nofretete der Triade angehörten.

Durch diese Erhöhung nahm Nofretete nicht mehr nur am Kult teil, sondern wurde persönlich das »Missing Link« der neuen Lehre. Mit anderen Worten: Nefertiti wurde durch ihren Einbezug in die Triade von Amarna selbst Teil des Kultes – und damit zur Göttin.

Belege hierfür sind mannigfach vorhanden. So erhob sich damals in der Tempelstadt Karnak neben dem Gempaaton-Komplex, in dem in auffälliger Weise Nofretete häufiger als ihr Gatte abgebildet ist und mehr Erwähnung findet, auch die Anlage Hu-Benben. Hier kommt Echnaton nicht einmal vor! Statuen, die Nafteta und Achanjati gemeinsam zeigen, geben auch die Königin in Schrittstellung wieder. Das ist

äußerst ungewöhnlich, war dies doch seit jeher das Vorrecht der Könige.
Der wohl eindruckvollste Beweis für die Emanzipation Nofretetes findet sich aber nach übereinstimmenden Urteilen im Amarna-Grab Nummer 6, des Hohepriesters Panhesi. Nofretete trägt dort auf einem Wandbild die königliche Atef-Krone. Vor ihr hatte das nur Hatschepsut während ihrer Periode als Pharaonin gewagt.
Die Liste lässt sich verlängern. So bekam die Königin bereits im 5. Regierungsjahr Echnatons einen zweiten, von einer Kartusche umrandeten Namen. Er lautete »Nefer-Neferu-Aton«, was so viel wie »Vollkommen ist die Schönheit des Aton« heißt. Auch dieses Privileg der Doppelnamen in zwei Kartuschen war primär den Pharaonen in ihrer Eigenschaft als Gottkönige vorbehalten.
Ägyptologe Christian Jacq meint aufgrund der Belegsituation, dass »die Königin neben ihrem Gatten der wichtigste denkende Kopf der religiösen Reform war und aktiv an der Einführung des Atonkultes mitwirkte«.
Doch woher rührte Nofretetes profundes theologisches Wissen? Wir haben uns bereits mit der Frage nach möglichen »Beratern« des Herrscherpaares hinsichtlich der »Neuen Lehre« beschäftigt. Wer den Aton-Hymnus genau studiert, kommt aber zu dem Ergebnis, dass mindestens noch eine weitere ominöse Person am Aton-Monotheismus mitfeilte.
Bevor wir zu ergründen suchen, um welche Person es sich handeln *könnte*, sei hier dargelegt, wie die Forschung diesen theologisch-archäologischen Kriminalfall gelöst hat. Die Antwort ist herzlich einfach, wenn man sie denn weiß: Sie rührt aus einem genauen exegetischen Vergleich des atonischen Hymnus mit dem 104. Psalm der christlichen Bibel. Der nämlich bringt Überraschendes zutage:

Tabelle 2

Bibel, 104. Psalm		Aton-Hymnus	
Vers 20	Schickst du Finsternis, so wird es Nacht. In ihr schleicht alles Waldgetier umher.	**Kolumne 3**	Lässt du dich im westlichen Lichtort nieder, hüllt Dunkel die Erde.
Vers 21	Die Löwen brüllen nach Raub; sie verlangen von Gott ihre Nahrung.	**Kolumne 4**	Sein Lager verlässt das Raubzeug, …
Vers 22	Strahlt die Sonne auf, dann verkriechen sie sich und lagern in ihren Höhlen.	**Kolumne 5**	Doch die Erde erstrahlt …
Vers 23	Nun geht der Mensch an seine Arbeit und an sein Tagwerk bis gegen Abend.	**Kolumne 5**	Ihr Tagwerk verrichtet nun die gesamte Welt …
Vers 24	Wie zahlreich sind doch deine Werke, Herr! Sie alle schufst du in Weisheit, die Erde ist erfüllt mit deinem Eigentum.	**Kolumne 8**	Wie mannigfaltig sind deine Werke!
Vers 25	Da ist das Meer, so groß und weitumfassend, darin Gewimmel ohne Zahl: Lebewesen klein und groß!	**Kolumne 8**	… nach deinem Willen hast du allein die Erde geschaffen, die Menschen, die Herden, großes und kleines Getier, …
Vers 26	Schiffe ziehen dort einher, der Seedrache, den du geformt, damit er darin spiele.	**Kolumne 6**	Schiffe ziehen flussauf und flussab.

Die Ähnlichkeit ist geradezu frappierend. Zwei in weiten Teilen übereinstimmende Texte aus der Antike – es sind schon auf wahrlich weniger handfestem Material archäologische Theorien aufgestellt worden …

Das führt uns zu der Frage: Gab es eine Persönlichkeit, die mit beiden Texten in Berührung gekommen war, die vielleicht sogar an beiden Texten mitwirkte – und Nofretete kannte?

Es kann diese Person existiert haben, doch sie ist in der Wissenschaft heftigst umstritten. Indes haben sich auch »Fachfremde« wie der Wiener Begründer der Psychoanalyse, Sigmund Freud, mit dieser Persönlichkeit ausführlichst befasst. Es handelt sich um keinen Geringeren als den Religionsstifter Moses, der in drei Weltreligionen (Christenheit, Judentum und Islam) einen bedeutenden Platz einnimmt! Die relativen Übereinstimmungen zwischen dem Israeliten und dem ägyptischen Königspaar sind beeindruckend:

- Gemeinsam mit Echnaton war Nofretete jedenfalls eine Religionsstifterin – Moses ebenso.
- Nofretete hatte sich dem Monotheismus verschrieben – genau wie Moses.
- Und wie Nofretete wirkte gleichfalls Moses (zeitweise) am ägyptischen Hof.

»Kannte Moses Nofretete?«

Es kann deshalb nicht verwundern, dass der Nofretete-Biograf Philipp Vandenberg bereits 1975 die Frage aufwarf. Ganze Bibliotheken sind mit Büchern gefüllt, die versuchen, Antwort darauf zu geben. Bei objektiver Betrachtung muss man feststellen, dass dies bisher nicht in wissenschaftlich ausreichendem Maße gelungen ist.

Allerdings sind in den letzten Jahrzehnten verschiedene Dokumente aufgetaucht, die es zumindest möglich erschei-

nen lassen, dass der Religionsstifter Moses während der Amarna-Periode in Ägypten wirkte – und in dieser Epoche den Exodus, also den Auszug des auserwählten Volkes aus Ägypten, anführte.
Eines der merkwürdigsten Dokumente in dieser Hinsicht sind die Notizen des 1959 verstorbenen Tournee-Managers Lee Keedick. Unsere Kenntnis von dessen brisanten Papieren ist das Verdienst von Thomas Hoving. Hoving war jahrelang Leiter des bekannten und angesehenen New Yorker Metropolitan Museum. Er publizierte in seinem Enthüllungsbestseller *Der goldene Pharao Tut-ench-Amun* 1978 erstmalig Auszüge aus Lee Keedicks bis dahin völlig unbekannten Aufzeichnungen. Diese beruhen auf ihm gegenüber getätigten Aussagen von keinem Geringeren als Howard Carter, dem Entdecker des Tutanchamun-Grabes! Keedick betreute nämlich dessen Vortragsreise durch Nordamerika.
In einer der Passagen berichtet Keedick über eine heftige Auseinandersetzung zwischen Carter und dem britischen Vizekonsul in Ägypten. Wörtlich hämmerte Keedick in die Tastatur seiner alten Schreibmaschine: »Ein hartes Wort gab das andere, bis Carter sämtliche Zurückhaltung aufgab und unverhohlen drohte, falls ihm nicht vollständige Genugtuung zuteil werde, sehe er sich gezwungen, der Weltpresse einen Bericht über im Tutanchamun-Grab gefundene, bisher unveröffentlichte Papyri zu übergeben – Dokumente, die die wahre und skandalöse Beschreibung des Exodus der Juden aus Ägypten zum Inhalt hätten.«
Antike zeitgenössische Dokumente zum Exodus? Das wäre in der Tat eine Sensation, die sogar die Auffindung der »Zwillingsschwester der Mona Lisa« um ein Vielfaches übertreffen würde. Museumsdirektor Tom Hoving selbst urteilte über diesen Abschnitt der Keedick-Papiere: »Selbstverständlich hatte Carter keine Papyri oder antike Dokumente welcher Art auch immer im Grab gefunden, geschweige denn solche

politischer Natur. Seine bizarre Drohung erklärt sich einzig aus dem Wunsch des über alle Maßen Verärgerten und Verstörten, sich für die erlittene Schmach (des Entzugs der Genehmigung für die Bergung des Grabinventars/Anm. d. Verf.) am britischen Vizekonsul zu rächen.«
Hovings Mutmaßung ist durchaus nicht abwegig, denn bis heute sind die angeblichen Moses-Schriftrollen nicht aufgefunden worden. Auf der anderen Seite existieren etliche weitere Belege und Aussagen, die auf ursprünglich im Grab deponierte Schriften hindeuten. So behauptete etwa der deutsche Ägyptologie-Professor Georg Steindorff 1926: »Außerdem ist der Mumie (Tutanchamun/Anm. d. Verf.) ein Totenbuch beigegeben, eine über 30 m lange Papyrusrolle, die mit farbigen Bildern von größter Feinheit der Zeichnung geschmückt ist.«

19 Fanden sich im Grab des Pharao Tutanchamun bislang unveröffentlichte Papyrusrollen? Das jedenfalls behauptete der Leipziger Professor Georg Steindorff.

Und und und. Tutanchamuns Papyrusrollen sind bis heute eines der größten Rätsel der Ägyptologie.
Und wie beantwortet nun Philipp Vandenberg die eingangs gestellte Frage nach einem zeitgleichen Wirken von Nofretete und Moses während der Amarna-Periode? »Wir können heute mit Sicherheit sagen«, ist er überzeugt, »dass die Poesie des Aton-Glaubens den 104. Psalm des Alten Testaments beeinflusst hat, dass also zwischen dem Aton-Glauben und dem mosaischen Glauben Zusammenhänge bestehen.«
Allerdings gibt es auch gravierende Unterschiede zwischen den beiden Religionen. Zuvorderst war der Gott Moses' lediglich der Gott des auserwählten Volkes. Nofretetes Aton hingegen fungierte universell.

Das markanteste Problem

Die größte Schwierigkeit bei der Annahme, Moses und Nofretete/Echnaton hätten annähernd gleichzeitig gewirkt, stellt jedoch die überlieferte Chronologie dar. So gehen die meisten Wissenschaftler (sofern sie überhaupt einen Auszug aus Ägypten ins Kalkül ziehen) davon aus, dass der Exodus in der 19. Dynastie, ungefähr während der Regierungszeit Ramses II. (ca. 1279–1212 v. Chr.), stattfand. Sie setzen dabei in erster Linie auf die Namen zweier altägyptischer Städte im Deltabereich des Nils. Pitom und Ramses nannten sie die Alten Ägypter. Genau diese beiden Ortschaften werden auch im Alten Testament erwähnt – und zwar im Kontext des Exodus. So steht in der *Bibel*: »(...) man baute dem Pharao die Städte Pithom und Ramesse als Vorratshäuser.« (2. Mos. 1,13.14) Damit ist klar und deutlich die Ramessiden-Epoche gemeint. Nofretete weilte zu dieser Zeit bereits mehrere Jahrzehnte im atonischen Nirwana. Damit hat sich eigentlich eine Verbindung Nofretete-Moses von selbst erledigt.

Doch dadurch wird die Sache nicht einfacher, wie man zunächst denken möchte, denn die Exegeten haben noch ein weiteres Eisen im Feuer. Sprich: Sie verweisen darauf, dass die Bibel einen *zweiten* Termin für den Exodus der Jahwe-Anhänger, also der Moses-Gefolgschaft, angibt. Wir finden ihn im ersten Buch der Könige, Kapitel 6, Vers 1. Dort ist für jedermann nachzulesen: »Im 480. Jahre nach dem Auszug der Israeliten aus Ägypten, im vierten Jahr der Herrschaft Salomons über Israel (…) begann Salomon den Tempel für den Herrn zu bauen.« Die Konsequenzen für die Datierung des Exodus liegen auf der Hand. Da man Salomon um 970 v. Chr. inthronisierte, erhält man in etwa eine Zeitmarke von 1450 v. Chr. Somit läge die Amarna-Epoche genau zwischen den beiden biblischen Angaben.

Allein schon die unterschiedlichen Ergebnisse weisen darauf hin, dass man den biblischen Angaben hinsichtlich des Exodus nicht trauen kann. Man hat versucht, das Dilemma der divergierenden Exodusdaten mit mehreren Auszügen verschiedener Gruppen zu unterschiedlichen Zeiten zu erklären. Aber davon weiß wiederum das Alte Testament nichts. Um hier zu einem abschließenden Urteil zu kommen, müssen wir wohl oder übel geduldig auf neue Funde und die Ergebnisse deren Analysen warten.

Nofretete, ob sie nun Moses kannte oder nicht, hatte jedenfalls andere Sorgen. Wir schreiben mittlerweile das Jahr 4 der Regentschaft Echnatons. Seine Gemahlin dürfte sich mutmaßlich bereits zum dritten Mal in anderen Umständen befunden haben. Wieder wird sie eine Tochter zur Welt bringen. Das Mädchen erhält den Namen Anchesenpaaton und wird ein ähnlich bewegendes Schicksal haben wie ihre Mutter. Deren einst makelloses Gesicht ist wohl bereits von einzelnen Sorgenfalten durchfurcht, denn am Horizont tauchen erste, noch dünne Wolken auf, die ausreichten, einige von Atons Strahlen zu verdecken …

Ägypten am Abgrund

Die friedlichen Jahre Nofretetes endeten spätestens mit dem dritten Regierungsjahr ihres Gatten Echnaton. Sosehr sich beide (wohl auf Anraten ihrer engsten Vertrauten) auch mühten, bei ihrer »altägyptischen Perestroika« schrittweise und behutsam vorzugehen, so ließ sich die offene Konfrontation zwischen den Anhängern der neuen Lehre Echnatons und den Befürwortern der traditionellen Linie auf Dauer doch nicht vermeiden.*

Dabei hatte das Jahr 4 der Regierungszeit Echnatons noch relativ friedvoll begonnen. Der Beamte Ipi jedenfalls hatte seinem König aus seiner Sicht Erfreuliches zu vermelden: Im Tempel des Gottes Ptah laufe alles geregelt ab und alle Götter hätten die festgelegten Opfer erhalten.

Doch der friedliche Schein trog. Echnaton plante schon den entscheidenden Schlag, wie er meinte. Er wollte Mai, den Hohepriester des Reichsgottes, ausschalten. Mai war zu diesem Zeitpunkt Achanjatis Hauptwidersacher. In nur zwei, drei Jahren hatte es Echnaton geschafft, Aton dem Reichsgott Amun ebenbürtig werden zu lassen. Nun hielt der Pharao die Zeit für gekommen, Amun in die Wüste zu schicken. Und das tat er auch – quasi buchstäblich sogar. Er befahl nämlich dem

---

* M. Habicht interpretiert die überkommenen Funde und bisher gesammelten Informationen gegenteilig. Er ist überzeugt, dass »die Menschen (…) durch die Unterweisungen des Königs, bei denen er *großen Druck ausübte*, umorientiert« wurden.

Hohepriester Mai, er solle persönlich eine Steinbruch-Expedition durch die Wüste anführen. Wir können uns leicht ausmalen, dass Mais Sympathie gegenüber Echnaton durch diese Weisung nicht gesteigert werden konnte. Dennoch fügte sich der Hohepriester mit vernehmbar laut knirschenden Zähnen der Direktive des Pharaos und machte sich auf den beschwerlichen und gefährlichen Weg.

Anschließend kam der endgültige Bruch zwischen König und Klerus. Echnaton ließ unvermittelt die Tempel seiner Vorfahren schließen! Es muss Wochen, wenn nicht gar Monate gedauert haben, bis Mai darauf reagieren konnte. Doch das war viel zu spät. Aton hatte die alleinige Macht im altägyptischen Reich übernommen – mit geradezu verheerenden Konsequenzen.

Besonders im wirtschaftlichen Sektor wirkte sich diese Vorgehensweise für die Amun-Anhänger umgehend katastrophal aus. Das gesamte Vermögen fiel Aton zu. Die einstmals üppig versorgte Priesterschaft der traditionellen Götter hingegen musste plötzlich darben. Die Ägyptologin Joyce Tyldesley beschreibt die Situation folgendermaßen: »Der gezielte Ausschluss der großen Reichsgötter aus dem heb-sed hätte den Amunpriestern eine Warnung sein können.« Doch mit dieser Radikalisierung des Aton-Wahns hatten sie offensichtlich nicht einmal im Traum gerechnet. So kam, was kommen musste. »Bis zum Ende von Jahr 5 war Aton«, so beurteilt Tyldesley die Situation weiter, »aus der Unbekanntheit zum führenden Reichsgott aufgestiegen.« Das Ergebnis: »(…) der Aton-Kult wurde reich, während der Amun-Kult verarmte.« Nofretete und Echnaton mögen diese Entwicklung bejubelt haben – sie waren mutmaßlich die Einzigen. Der althergebrachte Hofstaat hingegen hat der Situation zu diesem Zeitpunkt kritisch gegenübergestanden.

Dafür gab es triftige Gründe. Die Hauptursache bildete wohl der Umstand, dass von den Tempelschließungen längst nicht

nur die alte Priesterschaft betroffen war. Gehörten doch zum Hofe etliche Personen, die allein schon aufgrund ihrer Funktionen zwei getrennten Herren gleichzeitig zu dienen hatten. Was in Ägypten fehlte, war schlicht die Trennung von Staat und Tempel. So kam es zur paradoxen Situation, dass ein »Beamtenpriester« im Zuge der Aton-Zuweisungen seinen Schnitt machen konnte, aber gleichzeitig durch die Schließung der Religionsstätten einen beträchtlichen Teil seiner Habschaft verlor. Die Folge: Unmut kam auf, und das nicht zu knapp!
Michael Habichts Einschätzung dürfte der Wahrheit sehr nahe kommen, wenn er in seinem Buch *Nofretete und Echnaton – das Geheimnis der Amarna-Mumien* schreibt: »Etwa im Jahr 4 muss es zu massiver Kritik seitens der Beamten gekommen sein (…).« Stellt sich nur die Frage, *wie massiv* der Protest vorgetragen wurde.

Attentat auf das Herrscherpaar?

Nach Wissen des Autors gibt es in der altägyptischen Historie kein zweites Herrscherpaar, das so häufig in Begleitung von Gardetruppen oder umringt von Eliteeinheiten abgebildet worden ist wie Echnaton und Nefertiti. Warum dem so ist, ist noch immer Gegenstand der Forschung. Tatsache ist: Es gibt kein belegbares Ereignis, keinen Fund, der uns gegenwärtig in die Lage versetzt, die Ursache für diese merkwürdige Besonderheit philologisch oder archäologisch herauszufiltern.
Gleichwohl ist sicher, dass diese »Body Guards« bereits unmittelbar nach der Inthronisierung Achanjatis zum Pharao-Begleitkommando ernannt wurden. Dies belegen Talatat-Blöcke aus Karnak, also aus einem Zeitabschnitt, als in Ägypten die Welt noch relativ sicher war.
Davon freilich kann im Jahr 4 keine Rede mehr sein. Das für unmöglich Gehaltene wurde Realität – der Hofstaat ging

in Opposition zu Echnaton! Dabei hat es den Anschein, als hätten Angehörige des Königshauses mehrheitlich Partei für Echnatons Lehre ergriffen. Allerdings begehrte der wohl zahlenmäßig deutlich stärkere Anteil an Beamten und hohen Palastangestellten, also nicht royalen Mitarbeitern, auf. Dabei dürfte es in Wahrheit weniger um die Inhalte der neuen Lehre gegangen sein, die Unmutsbekundungen der Opposition waren eher Ausdruck der Sorge der Betroffenen um ihre Pfründen.

Doch offensichtlich stießen die Appelle bei Echnaton auf taube Ohren. Anstatt sich mit den Opponenten zu einigen, holte der König zum »großen Schlag« aus. Scheinbar aus dem Nichts heraus verkündete er eine umfassende »Regierungs- und Administrationsumbildung«.

Waren die Aton-Gegner darüber so erbost, dass sie sogar ins Kalkül zogen, auf Echnaton ein Attentat auszuüben? Oder galten derart finstere Absichten Nofretete? Selbstverständlich war bei Hofe bekannt, welch enormen Einfluss die Königin auf die Formulierung und Umsetzung der neuen Lehre genommen hatte. Es wäre also kein Wunder gewesen, hätte sich der Unmut des Palastes auch auf sie übertragen. Wie dem auch sei: Wenn es zu einem Anschlag auf die Spitze des Königshauses kam, wurde er erfolgreich vereitelt bzw. gab es zumindest in der Königsfamilie keine Opfer zu beklagen, denn alle bis dahin bekannten Angehörigen erscheinen auch nach dem 4. Regierungsjahr Achanjatis. Der jedenfalls handelte umgehend auf mehreren Ebenen gleichzeitig:

- Zum einen beschloss Echnaton, dem Aton eine neue Hauptstadt zu errichten. Habicht erläutert: »In der Residenz des Gottes Amun und seiner Triade (…) scheint sich Aton nicht als die gewünschte einzige Gottheit entfaltet zu haben.« Der Ägyptologe formuliert an dieser Stelle auffällig zurückhaltend; Fakt war in jenen Tagen: Nicht einmal im Regierungssitz Theben konnte sich Aton durchsetzen.

Echnaton (und mit ihm bestimmt auch Nofretete) war darüber zweifelsohne maßlos enttäuscht. Hinzu kam die selbst für den Pharao gefährliche, ja offensichtlich vergiftete Atmosphäre zwischen den immer radikaler agierenden Parteien des Aton und des Amun.

- Zum Zweiten änderte Echnaton als eine Art Zäsur seinen vollständigen fünfteiligen Kultnamen, um damit ein Signal der Siegesgewissheit zu setzen und seine endgültige Abkehr von der traditionellen Religion dem ganzen Volk eingängig zu machen.
- Zum Dritten bildete er, wie schon erwähnt, einen neuen Hofstaat, aus dem die kritischen Zungen entfernt waren und deren vakante Positionen man mit neuen Kräften besetzt hatte.

Dass es zu einer Regierungsumbildung kam, ist gesichert, denn aufgrund der Felsengräber der beiden Amarna-Friedhöfe sind wir relativ gut über den engsten außerfamiliären Verantwortungskreis Echnatons unterrichtet.

»Die Schöne der Schönen des Aton«

Sämtliche getroffenen Entscheidungen entstammten mit Sicherheit nicht nur Achanjatis Überlegungen, denn auch Nofretetes weiterer Lebensweg war damit auf das Engste verknüpft. Wohl der erste Schritt war die Umbenennung, die nach deckungsgleichen ägyptologischen Untersuchungen zu Beginn des 5. Regierungsjahres Echnatons erfolgte. Wie bei ihrem Gemahl signalisierte auch Nofretete mit ihrer Namensänderung bzw. -ergänzung ihre vollkommene Hinwendung zu Aton, dem nunmehr einzigen Gott. Nofretete führte deshalb den Zusatz »nfr-nfr-w-jtn« – »Die Schöne der Schönen des Aton«.

Dem Paar war sicherlich bewusst, dass die Bildung einer loyalen, kompetenten und der neuen Lehre verpflichteten Beamtenschaft sich weitaus schwieriger gestalten würde als die Änderung der Namen, die letztlich nur eines Federstrichs bedurfte – von der Errichtung einer neuen Metropole ganz zu schweigen. Aber auch auf diesen Gebieten sollte Nefertiti ihre mannigfachen Talente und ausgezeichnete Menschenkenntnis ein weiteres Mal unter Beweis stellen.

Nofretete war sich im Klaren darüber, dass eine neue Hauptstadt nur dann Sinn machte, wenn sie reibungslos funktionierte. Hierfür waren eigentlich hoch qualifizierte Beamte unerlässlich. Doch gerade daran herrschte Mangel, weil Echnaton diese Würdenträger im Rahmen seiner »Säuberungsaktion« größtenteils aus dem Amt entfernt hatte. Woher also adäquaten Ersatz nehmen? Diese Frage stellte sich hauptsächlich der Königin, die offensichtlich die Aufgabe der Stellen-Neubesetzung übernommen hatte. Nofretete bildete drei Gruppen, die jeweils folgende Gemeinsamkeiten aufwiesen:

- Gruppe A: Bisherige Beamte, die auch weiterhin Echnatons Wohlwollen genossen.
- Gruppe B: Begabte Nachwuchskräfte aus dem Reich, die ihren bisherigen Vorgesetzten in der Qualität ihrer Leistungen und Arbeitsergebnisse kaum nachstanden.
- Gruppe C: Ausländisches Personal, das entweder bisher schon in der »zweiten Reihe« am Hofe tätig gewesen war oder sich aufgrund von erworbenen Schlüsselqualifikationen für eine Leitungsposition eignete.

Selbstverständlich wurden die Bewerber auch einer Art Gesinnungstest unterzogen. Nur wer sich klar zum Atonismus bekannte, hatte eine reelle Chance, der jeweiligen Gruppe zugerechnet zu werden.

Leider muss man sagen, dass auch noch eine weitere Gruppe aktiv (sehr aktiv sogar!) am Auswahlverfahren teilnahm – die

Schar der Günstlinge und Opportunisten. Bei so manchem von ihnen fragt man sich, welche Ausbildung außer »Sohn des Wesirs« er eigentlich sonst noch genossen hatte …
Sicher war Nafteta sehr daran gelegen, den geliebten Gatten mit ihrer Auswahl zufriedenzustellen. Dies scheint ihr in der Tat auch geradezu hervorragend gelungen zu sein. Selbstredend behielt sich Achanjati die offizielle Ernennung der Hofstaatleitung vor, da er gemäß der neuen Lehre ja der einzig legitime Mittler zwischen Aton und den Menschen war. Nachfolgend nun eine Übersicht über bedeutende Mitglieder des echnatonischen Hofstaates ab den Regierungsjahren 4 oder 5.*

Tabelle 3

Name	Funktion/Aufgabe/ Ressort	Anmerkung
Ahmose	Wedelträger	
Amenhotep	Vizekönig von Nubien	siehe auch unter Huya
Ani	Schreiber	Vorgesetzter von Tjai
Aper-el (auch Apuriel)	Wesir v. Unterägypten	später auch »erster Diener des Aton« getitelt
Eje	Gottesvater	wurde später selbst Pharao
Hatiai	Vorsteher der (Bau-) arbeiten	

* Diese Liste erhebt keinerlei Anspruch auf Vollständigkeit. Der Verfasser hat in der ihm zugänglichen ägyptologischen Fachliteratur keine zwei Listen gefunden, die in ihren inhaltlichen Ausführungen identisch wären. Hier besteht noch fachwissenschaftlicher Klärungsbedarf. Hinzu kommt: Etliche Namen werden wohl für immer anonym bleiben, weil die Gräber ohne Identifikationsmerkmale geblieben sind.

Name	Funktion/Aufgabe/ Ressort	Anmerkung
Huya	Kammerdiener der Königinmutter Teje	
Ipi	Schreiber, Oberverwalter von Memphis, Neffe des (Ex-[?])Wesirs Ramose	konnte im Amt verbleiben
Mahu	Polizeichef von Amarna	
Maanachtuef	Vorsteher der Bauarbeiter	
Maya	General	
Meryneith	Verwalter der memphitischen Tempeldomäne des Aton, später Hohepriester, Grab in Sakkara	starb im 17. Regierungsjahr Echnatons
Merira	siehe Meryneith	
Merire (I)	Hohepriester des Aton	unbekannter Herkunft, machte den größten »Sprung auf der Karriereleiter«
Merire (II)	Aufseher im königlichen Harem der »Großen königlichen Gemahlin« Nofretete	
Nachtpaaton	anfänglicher Name Nachtmin	Nachfolger des oberägyptischen Wesirs Ramose
Nechuempaaton	war unter anderem Truppenbefehlshaber und Truchsess	
Nefercheperuhersecheper	Bürgermeister von Amarna	

Name	Funktion/Aufgabe/ Ressort	Anmerkung
Paatonemhab	Schreiber	nach Echnaton eventuell General oder sogar letzter Pharao der 18. Dynastie
Panhesi	Priester	
Parennefer	Vorsteher aller Propheten	zuvor Truchsess
Pawah	Hohepriester Atons	
Pentu	Zweiter Aton-Priester	
Ptahmose	identisch mit General Ramose	
Ramose	General	
Ramose	Wesir von Oberägypten	identisch mit General?
Ranefer	wirkte als Erster Wagenlenker	später Vorsteher der gesamten Pferdeställe
Suti	Standartenträger	
Sutau	Aufseher über das Schatzhaus	
Thutmosis	oberster Bildhauer	schuf die Nofretete-Büste
Tjai	Wagenlenker	Untergebener von Ani
Tutu	Kammerherr, Oberbaumeister	vielleicht der 1. Pressesprecher (»oberster Mund des ganzen Landes«), stammte aus Syrien

Nofretetes »politische Dimension«

Überhöhen wir an dieser Stelle die Position Nefertitis oder ihre Kompetenzen? Mit größtmöglicher Wahrscheinlichkeit nicht. Vielmehr sehen nicht wenige Publizisten gerade bei ihr eine »politische Dimension« als gegeben an, die sogar die Möglichkeit sowohl einer Koregentschaft als auch einer umfassenden, autonomen (!) Regierungsleitung mit einschließt. So urteilt beispielsweise Gabriele Höber-Kamel über die »politische Dimension« von Nofretetes Wirkungszeitraum in der Ägypten-Zeitschrift *Kemet*: »Nofretete spielte eine bedeutende Rolle im politischen Leben der Amarna-Epoche.« Sie sieht es als gegeben an, dass es »in erster Linie Nofretete war, in deren Händen die praktische Regierungstätigkeit lag, während Echnaton sich verstärkt um die religiösen und kultischen Belange bemühte.«

Umgekehrt ist das Urteil nicht so zu verstehen, als hätte Nafteta keinen religiösen Part gespielt. Denken wir nur zurück an den Aton-Hymnus. Nofretete war somit keine Titelregentin, sondern eine »De-facto-Regierungschefin«. Das sollte sich auch beim Aufbau von Achetaton, dem »Brasilia« des Alten Ägypten neuerlich beweisen.

Das »Brasilia« des Alten Ägypten

Was immer auch Echnaton und Nofretete mit der Gründung einer neuen Hauptstadt bezweckt haben mögen, es hat sich allenfalls teilweise erfüllt. Angesichts des desolaten Zustands des Nillandes und der damit verbundenen desaströsen Ereignisse scheint das Paar erkannt zu haben, dass für Aton vorerst weder in der alten Residenzstadt Memphis noch in Theben ein Blumentopf zu gewinnen war. »Auch alle anderen größeren Siedlungen hatten fest etablierte Götterkulte«, beschreibt Michael Habicht die Situation.

Für Aton hieß das, es musste eine neue Stadt geschaffen werden. Gemäß den atonischen Vorgaben musste die Örtlichkeit für sein Verehrungs-Hauptquartier gleich mehrere Bedingungen erfüllen: Vor allem durfte auf dem Areal niemals zuvor einem anderen Gott gehuldigt worden sein. Ferner musste sichergestellt sein, dass sich der Boden weder teilweise noch vollständig jemals im Besitz eines »gewöhnlichen Sterblichen« befunden hatte.

Selbstredend wurde Achanjati fündig. Den auserwählten Ort ließ er in feierlichen Zeremonien an ebenfalls von ihm ausgesuchten Stellen mit insgesamt 14 sogenannten Grenzstelen einfassen. Die geplante Stadt nannte er Achetaton, den »Horizont des Aton« – das heutige Tell el-Amarna. Nachdem so den himmlischen Vorgaben Genüge getan war, ging's ans Werk – in schwindelerregendem Tempo.

Zwar nicht mit Presslufthämmern, aber im Besitz modernster Bautechnik wurde das Projekt in Angriff genommen. Eile war

20 Der Große Aton-Tempel von Amarna im 3-D-Modell. Hier huldigte das Herrscherpaar dem neuen Gott.

denn auch geboten, galt es doch, ein Wüstenplateau auf zwar nur einem Kilometer Breite, dafür aber 3,5 Kilometern Länge in flimmernder Hitze und eingehüllt in vom Wind und den Arbeiten aufgewirbelten Wüstensand in einen Garten Eden zu verwandeln. Unter Einbezug der Außenbezirke wies das geplante Stadtgebiet sogar 9,5 Kilometer Länge auf. Ägyptologe Hornung meint: »Die Arbeit schritt schnell voran. (…) Schon für das fünfte Jahr müssen wir uns eine riesige Baustelle vorstellen (…).« Zuerst errichtete man für den König nebst Gefolge ein umfangreiches Zeltlager. Nofretete packte die Koffer.

Ehekrach im Hause Echnaton

Allerdings wollte sie das mit Sicherheit nicht als Zeichen dahingehend verstanden wissen, dass sie den Enthusiasmus ihres Göttergatten für die Amarna-Ebene uneingeschränkt teilte. Im Gegenteil: Der Standort für die neue Metropole war ihr Ding nicht. Es könnte sein, dass diese Kontroverse für einigen Unfrieden im Hause Echnaton gesorgt hat. Der entsprechende Hinweis hierfür findet sich auf einer der Grenzstelen von Achetaton (richtiger wohl »Gründungsstelen«) aus dem sechsten Jahr der Amtsperiode des »Ketzers«, wie ihn jetzt seine Gegnerschaft immer häufiger abfällig und respektlos nannte.

21 Blick auf den Nordpalast im Ruinenfeld von Tell el-Amarna.

Dort ließ der Pharao eine Mahnung einmeißeln, die Echnaton ganz offensichtlich persönlich an seine eigene Adresse gerichtet hatte. »Nicht sage die Königin zu mir: ›Siehe, es existiert ein schönerer Platz an einer anderen Stelle‹ – und ich sollte auf sie hören.« Das klingt nach einem ersten handfesten royalen Ehekrach! Aber ganz offensichtlich ließ sich der König diesmal keinen Honig um den Bart schmieren. Jedenfalls wurden die Arbeiten an Aton-City in atemberaubendem Tempo unvermindert fortgeführt.

Warum zeigte sich Achanjati Nofretete gegenüber in diesem Fall so unnachgiebig? Der Monarch lieferte die Antwort gleich selbst mit. »Ich errichtete Achetaton«, begründete er seine ungewohnt sture Haltung, »für Aton, meinen Vater, an diesem Ort.«

Damit legte Echnaton – Liebe hin oder her – endgültig die Prioritäten für die weitere Aufgabenverteilung des Königspaares fest. Fraglos durfte Nefertiti auch künftig in theologischen Belangen mitreden – aber die letzte Entscheidungsgewalt behielt sich doch Echnaton vor. Nofretetes Aufgabe würde es hingegen sein, sich um die politische Komponente zu kümmern. Allerdings sollte ihr der Großteil dieser Arbeit abgenommen werden, denn die Verwaltungseinrichtungen blieben in Memphis beheimatet, das ca. 400 Kilometer nördlich von Achetaton liegt.

Eine Atempause in den Streitigkeiten erlangte Echnaton, als er einen Harem für Nofretete errichten ließ. Darunter darf man sich nicht unsere Begriffsdefinition im Sinne eines Frauenhauses vorstellen. Vielmehr war mit einem Harem in diesem Fall eine eigene Palastanlage für Nofretete gemeint, ausgestattet mit allem, was Ägypten seinen damaligen Herrschern zu bieten hatte, u. a. Diener, Haussklaven, Nutz- und Nahrungstiere, Grundbesitz sowie wertvolles Mobiliar.

Doch der Familienzwist flammte spätestens wieder auf, als Nefertiti – zumindest nach Auffassung von Nofretete-Biografin Tyldesley – erfuhr, dass Echnaton anscheinend eine neuerliche »Kurskorrektur« in Sachen Verwaltungsapparat vornahm. Jedenfalls schreibt Tyldesley: »Echnaton wollte seine neue Stadt zur Hauptstadt Ägyptens machen, zur Heimstatt des einzigen Universalgottes, Aton, und zum Zentrum der Verwaltung, deren Schwerpunkt bisher in Memphis gelegen hatte.«

Derweil ging die Bautätigkeit weiter. Die bemerkenswert hohe Baugeschwindigkeit war neben der »Talatat«-Bauweise dem Engagement der Arbeiterschaft geschuldet. Ihr ist es zu verdanken, dass der »Ketzer« von Achetaton bereits ein Jahr nach Eröffnung der Baustelle den ersten Teilabschnitt von »Aton-City« feiern ließ.

Konzipiert wurde Achetaton für eine Einwohnerzahl, die irgendwo zwischen 50 000 und 100 000 Menschen gelegen haben dürfte. Aber wie so oft in der Ägyptologie sind auch in diesem Fall dramatische Unterschiede in den Angaben festzustellen. Joyce Tyldesley etwa äußert zur Frage der Ein-

22 Hervorragendes 3-D-Modell von Nofretetes und Echnatons neuer Heimat Achet-aton (»Horizont des Aton«).

wohnerzahl: »Man kann nur schwer kalkulieren, wie viel von diesem Gelände fruchtbarer Boden war, aber es gibt Schätzungen, nach denen die Landwirtschaft von Amarna eine Bevölkerung von bis zu 45 000 Menschen versorgen konnte.« An dieser Stelle sei nochmals die Frage nach der »Beliebtheit« und der Akzeptanz des neuen Reichsgottes Aton in der Bevölkerung aufgeworfen. Offensichtlich konnte Aton auf eine größere Anhängerschaft blicken, als gemeinhin für real gehalten wird. Selbstverständlich war mit der uräusbesetz-

ten Sonnenscheibe nicht binnen eines halben Jahrzehnts die gleichzählige Anhängerschaft zu »rekrutieren« wie mit der polytheistischen Götterschar. Aber angesichts dieser fünf- bis sechsstelligen Einwohnerzahlen hatte Aton doch einen markanten Achtungserfolg auf der Beliebtheitsskala erzielt. Überwiegend wird die Anhängerschaft dabei aus jüngeren Frauen und Männern bestanden haben, die noch leichten Fußes die langen und teilweise beschwerlichen Wege zu den jeweiligen Arbeitsplätzen zurücklegten. Auch litten sie selbstverständlich nicht so schwer unter der extremen Hitze, die durchaus 50 Grad Celsius erreichen konnte. Wohl am kräftezehrends-

ten dürfte die Arbeit für die Maurer, Handwerker und Verpflegungseinheiten gewesen sein, welche die Grabstätten der Königsfamilie und des Hofadels in die mehrere Kilometer entfernten Felsenfriedhöfe stemmten und meißelten.
Trotz der Widrigkeiten entwickelte sich Achetaton zu einer Stadt der Superlative. Der deutlichste Unterschied zu den alten Reichsstätten Memphis und Theben war die Großzügigkeit, mit der sie ausgestattet wurde. Spitzenbeamten wurden Immobilien zugeteilt, die bis zu 20 (!) Räume unterschiedlichster Größe aufwiesen – darunter auch Sanitäreinrichtungen.
Neben diesen Neuerungen in der Bau- und Konzeptionsweise der Stadt betraf die markanteste Änderung das Verkehrswesen. Bis zu 40 Meter breit waren die Straßen, auf denen sich sogar Pferdegespanne in nicht allzu rasanter Fahrt fortbewegen konnten. Das Außergewöhnlichste daran war, dass auch die Königin allein auf dem Prunkwagen stehend ihr »Gespann« mit sicherer wie starker Hand durch die Straßen lenkte.
Die Hauptverkehrsader verband die vier Haupt-Stadtteile von Achetaton miteinander: die Nordstadt, die nördliche Vorstadt, das Stadtzentrum und die südliche Vorstadt. Hauptverkehrsweg blieb aber der Nil, der selbstverständlich zusätzlich für den Materialtransport und als Nahrungsgrundlage genutzt wurde. Dank seiner Wasser ließen sich in der neuen Metropole sogar blühende Gartenbereiche anlegen, die das Klima wenigstens etwas erträglicher machten.

Der Mann aus der südlichen Vorstadt

Für Nofretete war die südliche Vorstadt von besonderem Interesse. Hier wohnte ein Mann, den Nofretete (davon können wir ausgehen) sehr schätzte. Ob seiner Persönlichkeit oder seiner Arbeit oder beidem, wissen wir nicht. Aber eines lässt sich mit Bestimmtheit feststellen: Dieser Mann war in seinem Metier einer der fähigsten Könner seiner Zunft und seiner Zeit. Die Rede ist selbstverständlich von Thutmosis, dem Bildhauer – jenem herausragenden Künstler, der die wohlbekannte »Berliner Büste« schuf und damit eine der schönsten Rundplastiken, die auf diesem Globus vorhanden ist.

Es ist dem Berliner Fachmann Rolf Krauss zu danken, dass wir heute wissen, dass das 7 das Anwesen, in dem man 1912 die Büste fand, tatsächlich dem obersten Bildhauer Seiner Majestät Echnaton und dessen »Großer königlicher Gemahlin« Nofretete überlassen worden war. Und das kam so: Im Rahmen der deutschen archäologischen Kampagne in Tell el-Amarna entdeckte der Expeditionsleiter Ludwig Borchardt 1912 ein auffallend großes Grundstück mit über 30 verschiedenen Räumen. In einem davon stieß das preußische Grabungsteam auf »einen Deckel« – oder besser gesagt auf das, was man dafür hielt.

Es sollte weit über ein halbes Jahrhundert dauern, bis Ägyptologe Krauss eigene Studien dazu veröffentlichte. Das präsentierte Material sei kein Deckel, sondern vielmehr eine Scheuklappe, stellte er richtig. In Zielrichtung des archäologischen Ergebnisses hieß das selbstverständlich, dass eine neue Fundauswertung nebst den dazu notwendigen Analysen durchgeführt werden musste. Und tatsächlich gelang es Krauss darzulegen, dass Thutmosis, der mindestens zwei Pferde besaß, als Nutzer und Verwalter der Immobilie anzusehen ist, weil dies der einzige Bau in weitem Umkreis war, dem man überhaupt einen Pferdestall angegliedert hatte.

Doch so einfach, das wusste der erfahrene Rolf Krauss selbst, war die Schlussfolgerung objektiv nicht zu ziehen, weil sie nicht sämtliche Faktoren berücksichtigte. Was fehlte, war eine schlüssige Erklärung einer fragmentarisch auf der Scheuklappe erhaltenen Inschrift. Lesbar ist davon lediglich der Abschnitt »Gelobter des guten Gottes, Vorsteher der Arbeiten, Bildhauer, Thutmosis«.

Für einen Mann in seiner Position war Thutmosis' Statusbeschreibung auffallend zurückhaltend und gleichzeitig inhaltsarm. Nicht einmal den Begriff »Oberbildhauer« verwendete er. Krauss bot selbst eine Erklärung dafür an. Möglicherweise, spekulierte er, stammte die Scheuklappe aus der »Prä-Achetaton-Phase«, habe sich also schon Jahre vor dem Umzug nach Amarna im Besitz des Künstlers befunden. Das würde auch den Einwand gegen die Krauss-Theorie erklären, nämlich das Fehlen jeglichen Hinweises auf Achetaton selbst. Vielleicht war Thutmosis also noch ein relativ junger Künstler gewesen, der gerade erst das »Azubi-Alter« hinter sich gelassen hatte? Dagegen sprechen wiederum sein Anteil an der Künstlerwerkstatt und der Besitz mindestens zweier Pferde. Stutzig macht in diesem Kontext auch der fehlende Nachweis einer Begräbnisstätte für Thutmosis. Falls sich sein Grab unter den bisher nicht identifizierbaren Felsengräbern befinden sollte, so hat sich dafür bis heute noch kein konkreter Anhaltspunkt finden lassen.

Es ergeht uns mit Thutmosis nicht anders wie mit den meisten bekannten Persönlichkeiten der Amarna-Epoche. Sie tauchen kurz aus dem Nebel der Geschichte auf, verschwinden aber wieder spurlos, bevor man mehr über sie in Erfahrung bringen kann. So stellt sich uns auch im Fall des Bildhauers die Frage: Welchen Weg hatte das Schicksal für ihn vorgesehen? Spielte Nofretete darin eine Rolle?

Hätte sich Thutmosis jemals träumen lassen, dass die von ihm angefertigte Nofretete-Büste eines Tages buchstäblich Weltberühmtheit erlangen sollte? Vielleicht, aber viel Zeit wird er nicht zum Träumen gehabt haben, denn Thutmosis war beschäftigt bis unter die Hutkrempe. Das lässt sich anhand des aufgefundenen Inventars in Thutmosis' Quartier »PQ 47« feststellen. Selbstverständlich ist da die Nefertiti-Büste an erster Stelle zu nennen. Daneben aber fanden sich mannigfach Gesichtsabgüsse, weitere Rundplastiken und ein Standbild Nefertitis, das auf gleichem Weg wie die Büste an die Spree gelangte. Das Gruseligste und gleichzeitig doch Anziehendste in Thutmosis' Atelier war allerdings eine kleine Sammlung lebensgroßer Masken aus Stuck. Und leider gilt neuerlich: Weder kennen wir die Identität der Abgebildeten noch ihren gesellschaftlichen Stand. Viel ist über diese Stuckköpfe fabuliert worden. Mal sollen Angehörige der »Upper Class« zu sehen sein, dann wieder heißt es, man habe lediglich Portraitstudien vor sich. Eines steht gleichwohl fest: Was immer auch der Sinn dieser Masken gewesen sein mag, sie zeichnen sich durch außerordentliche Lebensnähe, Ausdrucksstärke und Exaktheit aus. Ob sie nun von Thutmosis gefertigt worden sind oder von einem seiner Gesellen, es zeigt in beiden Fällen die hochwertige Qualität der Arbeiten des Oberbildhauers bzw. seine Fähigkeit, qualifizierten Nachwuchs heranzubilden.

Inzest im Pharaonenbett

Achetaton prosperierte. Durch die Schließungen der traditionellen Tempel und die Konfiszierung ihrer Eigentümer, landeten deren Einnahmen rasch in Atons Speise-, Schatz- und Vorratskammern. So mag das Leben in Amarna zwar den strengen Regeln des Atonismus unterworfen gewesen sein, Liebe, Freude, Genuss und Fröhlichkeit machten deshalb aber noch lange nicht vor den Grenzstelen abrupt halt. Dies dokumentieren Dutzende von Wandbildern. Eines der bekanntesten dieser Art ist die Festszene im Grab des Beamten Huya. Zu sehen ist der »Hahn im Korb« Echnaton, wie er genüsslich Fleischspieße konsumiert, während linksseitig von ihm Königin Nofretete ihren Hunger mit einer gebratenen Ente stillt. Auf der rechten Seite sitzt dem Herrscherpaar gegenüber die ehemalige »Große königliche Gemahlin« Teje – ebenfalls umgeben von lukullischen Köstlichkeiten.

Es war damals nicht anders wie zu heutigen Zeiten: Es lebte sich außerordentlich gut als »Royal« am Nil. Auch die Ausfahrten auf Amarnas Prachtstraßen verdienten zweifellos nicht in allen Fällen die Bezeichnung »Dienstfahrt«. Festliche Höhepunkte bildeten in Achetaton aber sicherlich die »Tage der Ordensverleihung«. An diesen Tagen kam (fast) der gesamte Hofstaat zusammen und huldigte ausgelassen dem Herrscherpaar, das an Verdiente zur Belohnung das sogenannte »Ehrengold« verteilte oder von der Fensterbrüstung aus zuwarf. Zumeist handelte es sich dabei um Goldketten

oder Trinkpokale. Aber auch wertvolles Geschirr war unter den Gaben.
Eine Person ist herausragend häufig unter den Ausgezeichneten anzutreffen: Es ist selbstverständlich der stets präsente und doch kaum greifbare »Gottesvater« Eje, der zu jener Zeit schon ein fast »biblisches Alter« erreicht haben musste. Es waren ausgelassene, unbeschwerte Tage, die nicht zuletzt das Gemeinschaftsgefühl der Bewohner Achetatons untereinander als auch die Identifikation sowohl mit der Herrscherfamilie wie auch mit dem Gott Aton stärkten. Allerdings: Wie die Zeichnungen auch beweisen, geschah das alles unter den Argusaugen von Polizei und Militäreinheiten, die zu Achetatons Schutz gegen Feinde von innen wie außen eingesetzt wurden. Darunter befand sich auch eine Eliteeinheit, die »internationale Garde« genannt wurde und sich ausschließlich aus den bestgeschulten und erfahrensten Männern aller Waffengattungen und Länder rekrutierte.

War Nofretete Alkoholikerin?

Sicher floss bei diesen doch eher dünn gesäten freudigen Anlässen auch der Alkohol in nicht geringen Maßen. Hauptsächlich strömten Wein und Bier in die Kehlen der »Upper Class«. Offenbar hat die Königin dabei dem Gerstensaft den Vorzug gegeben und mehr Becher geleert, als es gemeinhin für unser Wohlbefinden gut ist. In jedem Fall ist Nafteta nicht gerade selten auf den erhalten gebliebenen Wandzeichnungen mit einem Trinkgefäß in der Hand abgebildet.
Nun war Bier im Alten Ägypten so etwas wie eine Art »Nationalgetränk« und alleinig aus der Abbildungshäufigkeit kann man bestenfalls eine derartige *Mutmaßung* ableiten. Wenn man jedoch weiß, dass die Königin sogar über eine eigene (!) Brauerei verfügte, wird die Mutmaßung schon plausibler.

Nofretetes Bier wies zudem noch eine Besonderheit auf: Ihr Bier gehörte zur Sorte der schnell gärenden Art. Anscheinend hatte Nofretete tatsächlich überproportionalen Bedarf an dem Vorläufer unserer heutigen alkoholischen Genussprodukte.* Deshalb dürfte folgende Wandinschrift, die der Autor Philipp Vandenberg in seinem Nofretete-Werk zitiert, durchaus der Realität der damaligen Epoche entsprechen: »Gib mir achtzehn Becher Wein«, bettelt eine Trinkerin. »Siehe, ich wünsche zu trinken, bis zur Trunkenheit.«

Allerdings können daraus noch immer nicht die geringsten Rückschlüsse auf den Bierkonsum der Nofretete gezogen werden. Viel eher ist wahrscheinlich, dass es damals wie heute üblich war, sich zu launigen Pläuschchen oder dem Abendessen ein Krügelchen zu genehmigen. Nofretete mag durchaus gerne einen Becher gebechert haben – Anzeichen für Alkoholismus speziell der Königin haben sich bis heute nicht finden lassen. Wenn sie häufiger mit dem »Humpen« in der Hand abgebildet ist, dann mutmaßlich deshalb, weil man gerade in Amarna frohe Feste zeigen wollte anstatt trauriger Begräbnisschilderungen.

Falls Nofretete tatsächlich dem Alkohol über Gebühr zugesprochen haben sollte, wird es allerdings kaum an den freudigen Festtagen gelegen haben. Stattdessen dürften vielmehr die tristen Tage in Amarna die Ursache gewesen sein. Und von dieser Art waren wohl die allermeisten etwa ab Echnatons 9. Regierungsjahr.

---

* Gut geschmeckt hätte Nofretete mutmaßlich auch die Biersorte »Tutanchamon Ale«. Dieser Trank basiert auf vielen von der Altertumsbiologin Delwen Samuel aus Trinkgefäßen herausgekratzten Bierresten, die die Forscherin von der Universität Cambridge anschließend penibel analysierte. Auf der Basis der von ihr gewonnenen Erkenntnisse wurde Mitte der 1990er-Jahre von Experten im schottischen Edinburgh der »Tut-Saft« (nach-)gebraut. Kräftig, fruchtig und malzig soll das Pharaonen-Pils geschmeckt haben.

Tatsächlich malen Ägyptologen ein schreckliches Bild jener Tage. Spitzeldienste und Denunziantentum soll es ihren Angaben zufolge zuhauf gegeben haben. Manche sprechen sogar von einer »Militärdiktatur« mit allen ihren negativen Erscheinungsformen. Menschenrechte und -würde waren allenfalls Wunschträume. Das Gesetz verkörperten in letzter Instanz alleinig der Despot Echnaton und somit auch seine »Große königliche Gemahlin«. Deren eigene Auswüchse blieben freilich ungeahndet. Dabei sollen gerade diese deftig gewesen sein – besonders im Sexualbereich, ist ein Teil der Ägyptologengilde der Meinung.

Die Vorlieben des Herrn Echnaton

Dass Achanjati und Nefertiti auch auf sexuellem Gebiet eine gewisse regelmäßige Aktivität entfalteten, lässt sich allein schon an der Zahl ihrer gemeinsamen Kinder ablesen. Nofretete schenkte mindestens sechs Töchtern das Leben. Die drei jüngsten Mädchen, die wir bisher noch nicht erwähnt hatten, trugen die Namen Neferneferuaton tasherit, Neferneferura und das Nesthäkchen Setepenre. Ihre Schicksale liegen ausnahmslos im Dunkeln. Von keiner einzigen ist uns das Grab oder die Mumie bekannt. Selbst zu größerer Bekanntheit brachte es lediglich die dritte Tochter, Anchesenpaaton, unter ihrem später in Anchesenamun geänderten Namen, als Gattin von drei bis vier Potentaten.

Wir wollen den Ereignissen jedoch nicht vorgreifen. Deshalb zurück zum Thema Sexualität. Allerdings werden all jene enttäuscht sein, die annehmen, nun sei die Stunde der Voyeure gekommen. Der gemeine Durchschnittsägypter trieb's nämlich ganz normal, auch in Achetaton. Allerdings sei hinzugefügt, dass unsere Einschätzung nur auf dem vorliegenden archäologischen Material beruht. Und das ist, wie die Erfahrung bedauerlicherweise gezeigt hat, recht spärlich.

Spärlich nicht etwa deshalb, weil sich keine altägyptischen obszönen oder gar pornografischen Abbildungen und Gegenstände gefunden hätten. Vielmehr mangelt es (auch teilweise heute noch) am Mut, dahingehende Artefakte und Exponate in den meist doch recht konservativ geführten Sammlungen und staatlichen Museen dem Publikum in geeigneter Weise nahezubringen. Und von kompletten Themenpräsentationen will erst recht kaum jemand etwas wissen. So bleibt es denn meist bei Einzelstücken, die verschämt in der zweiten Reihe der Vitrinen kaum sichtbar oder gleich halb versteckt positioniert sind. Schade eigentlich, ist doch die Sexualität unstrittig ein fester Bestandteil unseres Lebens. Warum ergehen sich die Experten in ihren Werken lieber über die Bedeutung der Frösche im alten Ägypten oder (das ist kein Witz!) über Giraffenschwänze? Und warum halten manche Museen noch immer ihre »Porno-Schätze« unter Verschluss? Sind wir etwa unmündiger als unsere Vorfahren im ersten Arbeiter- und Bauernstaat am Nil vor 3000 und 4000 Jahren?

Allerdings muss man eingestehen, dass es doch auch Grenzen gibt – nicht nur Grenzen des »guten Geschmacks«, sondern auch der Zumutbarkeit. Und die hat der »Ketzerkönig« aus unserer Sichtweise in schier perverser und abstoßender Art und Weise skrupellos überschritten.

Gut abgeschirmt von dicken Palastmauern frönte er seinem besonders schändlichen und widerwärtigen Tun – dem Inzest. Per »Zeitmaschine« lässt uns *Der Spiegel* dem perfiden Geschehen beiwohnen: »Irgendwann um 1340 v. Chr.«, schreibt er in Heft 48 aus dem Jahr 2011 n. Chr., »vergnügte sich Echnaton mit der zierlichen Frau unter dem roten Wonnemond der Aton-Stadt von Tell el-Amarna.« Doch das ist längst noch nicht alles. Weiter haben die Medienrechercheure – selbstredend welt-exklusiv – in Erfahrung bringen können: »Die Gespielin war seine eigene Schwester. Neun Monate später kam ein Kind zur Welt, das heute Weltruhm genießt: Tutanchamun.«

Etwas mehr Ernst erwartet denn auch Nicholas Reeves von den Journalisten. Reeves ist ein gleichermaßen bekannter wie populärer englischer Ägyptologe. Er war vor vielen Jahren erfolgloser Jäger der verlorenen Nofretete im Tal der Könige, aber auch Vorreiter in der Neubewertung der Inzesthandlungen bei den Pharaonen. Er diktierte der schreibenden Zunft ins Stammbuch: »Problematisch wird es, wenn sich Sensationsjournalisten zum Sexualleben der Amarnazeit äußern: Inhaltlich zwar richtig, aber in der Formulierung stark deplaziert.«

Darüber kann man natürlich geteilter Ansicht sein. In jedem Fall aber weit problematischer ist es für den interessierten Laien, wenn ihm von der Expertenliga der Monotheist Echnaton mal als Heterosexueller, dann als Bisexueller oder Homosexueller präsentiert wird. So, jetzt aber Schluss mit dem unschicklichen, unägyptologischen, despektierlichen Geschreibe.

Nein! Denn Dr. Reeves hat noch eine weitere wichtige Frage in Bezug auf Achanjatis Sexualprägung: »Sollte er wirklich, wie manche vermuteten, ein Eunuch gewesen sein?« Oh heilige Ägyptologie!

Die »Sex-Akte« der Nofretete

Auffallend ist bei der Diskussion »Wer mit wem?«, dass zwar in epischer Breite auf Achanjatis Triebe eingegangen wird, das Thema »Nofretete und die Sexualität« aber allenfalls rudimentär eine Rolle spielt. Doch es gibt ziemlich eindeutige Indizien, dass auch Nefertiti kein Kind von Traurigkeit gewesen ist.

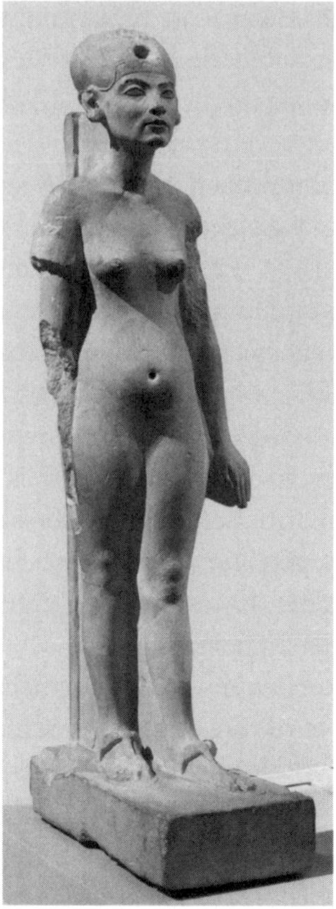

23 Die Indizien sind ziemlich eindeutig: Nefertiti war kein Kind von Traurigkeit …

Schon ihre Bekleidung spricht Bände. Nefertiti spielte die gesamte Klaviatur. Von völlig nackt, über hauchdünne wallende weiße Gewänder bis hin zu bestickten Negligees reichte das erotische Repertoire der Herrscherin. Nofretete, das sieht man auf den ersten Blick, hatte einen sicheren modischen Geschmack. Sogar die Sandalen, kann man einigen Darstellungen entnehmen, sind dem Outfit angepasst.

Und das betörte fraglos die Männerwelt. Philipp Vandenberg war bereits vor über 30 Jahren der Meinung: »Wer mag es ihr verdenken, dass sie, berühmt ob ihrer Schönheit, verehrt und bewundert, dem Drängen mancher Anbeter nachgab?«

Nicht in diese Kategorie gehörte allem Anschein nach Umuhanko, ein bekannter Gelehrter jener Zeit. Sein Ein- und Auskommen verdiente er als Zeremonienmeister. Er hatte sich erkühnt, Nafteta zu einem von ihm ausgerichteten Fest zu laden. Die Königin nahm dankend an – und bereute es bitterlich. Denn Umuhanko konnte in heißer Liebe nicht mehr an sich halten. Nofretete lag zunächst noch auf einer bequemen Liege. Doch als der Zeremonienmeister die Königin an beiden Oberarmen packte, sprang sie auf. Und dann ging Umuhanko »auf Nofretete zu und wollte ihr zu nahe treten (…)«.

Das war sein Fehler, ein Fehler, der ihn das Leben kosten sollte. Denn Umuhanko wurde de facto zum Tode verurteilt. Der Vollzug war grausam: Der Galan wurde vor einen Transportkarren, vollbeladen mit Steinen, geschnürt und mit Peitschenknall in die Wüste getrieben. Am elften Tag brach er tot zusammen.

Ironie am Rande: Die Botschaft über diese tragödienhafte *insider-story* erreichte die Fachwelt erst 1971, zig Jahre nach der Entdeckung einer außerordentlich bedeutsamen dreiteiligen Tontafel. Der Fund wiederum gelang neuerlich in Amarna und dort in lediglich geringer Entfernung von der Kunstwerkstatt des virtuosen Bildhauers Thutmosis.

Die Wissenschaft mag in der Frage der ehelichen Treue Achanjatis und Nefertitis geteilter Meinung gewesen sein. Heute ist das allenfalls noch selten der Fall. Zu viel spricht doch dafür, dass beide in ihrer Freizeit ab und an getrennter Wege gegangen sind.

Cyril Aldred, vielleicht in dieser Hinsicht ein Vorreiter in der Korrektur des bis dahin stellenweise verklärten Nofretete-Bildes, drückte es so aus: »(…) trotz aller zur Schau getragenen Zuneigung zu Nofretetes Töchtern« wird von Echnaton »nirgendwo ausdrücklich behauptet, deren Vater zu sein«. Und Vandenberg urteilt – gewohnt seriös – über

24 Ein Abbild aus vermeintlich glücklichen Tagen. Doch der Schein trügt.

das Intimleben seiner Protagonistin: »Nofretete war zwar Königin, aber auch und nicht zuletzt eine Frau. Mit Sicherheit dürfen wir annehmen, dass ihre sechs Kinder nicht denselben Vater haben.«

Doch bevor wir mit diesem doch recht einmütigen Fazit dieses Kapitel abschließen können, bleibt noch zu klären, was es mit der häufig zitierten »Sex-Akte« Nofretetes auf sich hat. Die Antwort ist selten einfach: Es existiert keine derartige Kladde, auch kein Schuber mit diesbezüglichen Papyri oder Tontafeln. Die Sex-Akte ist so fiktiv wie der »Fluch der Pharaonen«. Aber dennoch werden wir im nächsten Kapitel mehr über die zwischenmenschlichen Kontakte der Amarna-Herrscherfamilie erfahren, als wir es uns gegenwärtig vorstellen können, denn die wichtigsten Ergebnisse in dieser Hinsicht liegen erst seit Kurzem auf dem Tisch.

Nofretete und der »Pate der Ägyptologie«

Der einstige ägyptische Chefarchäologe Zahi Hawass hat viele Namen. Die einen nennen ihn den »Paten der Ägyptologie«, die anderen (was er nicht ungern hört und liest) sprechen von ihm als »Ägyptens Indiana Jones«. Und in dieser »Funktion« agierte der stämmige Ägyptologe bis zum Sommer 2011 als »Jäger der verlorenen Schätze« des Nillandes – mit durchschlagendem Erfolg. So behauptete ein Journalist unlängst in einer Buchbesprechung anerkennend über Hawass' Antikenschutz und -rückführung: »Hawass hat den jahrhundertelangen Antiken-Transfer aus Ägypten gestoppt (...).« Man muss den Satzteil wirklich zweimal lesen, um zu begreifen, was der Kollege da für einen Kenntnisstand offenbart. Zur Information: Fahnder ermittelten 2004 eine Bande von Antikendieben und Schmugglern, in deren Verstecken sage und schreibe 57 000 altägyptische Kunstobjekte lagerten. Und das ist nur ein Fall aus einem einzigen Jahr! Man darf davon ausgehen, dass es mindestens ein Dutzend Großbanden gibt, die im Bereich der organisierten Antikenkriminalität aktiv sind.

Allerdings kann man dem Exminister Hawass eines nicht absprechen: Beharrlichkeit. Hat er erst einmal Blut geleckt, lässt er nichts Legales unversucht, dem Artefakt oder Exponat habhaft zu werden. Mit im Fokus seiner Ermittlungen und Nachforschungen steht Nofretete. Sei es die Büste, sei es das möglicherweise zweite Grab oder gar die Mumie der vergöttlichten Monarchin – Hawass unterstützte in seiner Wirkungszeit (fast) sämtliche Aktivitäten auf archäologischer und politischer Ebene, die in diese Richtungen Erfolg versprachen. Sein eigenes Engagement zielte hauptsächlich auf die Identifikation der Mumie ab. Er war fest entschlossen, die Königin (sofern sie sich unter den geborgenen Mumien der späten 18. Dynastie befand) »herauszufiltern« und auch deren familiäre Genealogie aufzuhellen.

Hawass' Hauptansatz dabei war die sogenannte DNA-Analyse. Mit diesem Verfahren lassen sich gentechnisch Verwandtschaftsbeziehungen, Krankheiten oder auch Besonderheiten wie Vorschädigungen feststellen. Es handelt sich also um die Untersuchung des menschlichen Erbguts. Doch DNA-Analysen sind äußerst kompliziert und teuer. Zudem sollte man bereits auf einige Erfahrung zurückblicken können, wenn man mit dieser Methode den Mumien zu Leibe rückt. Die Schwierigkeit liegt hauptsächlich darin, bei den Untersuchungen geeignetes DNA-Basismaterial zu bekommen. Manche halten es sogar für unmöglich, bei derart altem Erbgut noch wissenschaftlich gesicherte Erkenntnisse gewinnen zu können.

Doch Hawass blieb davon ungerührt. Bereits 2002 ließ er erste Untersuchungen zu. Dabei wurde zunächst auch die Kooperation mit ausländischen Spezialeinrichtungen gesucht. Dann aber erfuhr die Politik des Leiters der ägyptischen Altertümerverwaltung eine radikale Umkehr. Das jeweilige Untersuchungsteam durfte angeblich maximal einen Ausländer in seinen Reihen aufnehmen bzw. konsiliarisch hinzuziehen. Das wirkte sich enorm auf die Qualität der ägyptischen Resultate aus. Als Konsequenz wurden die dokumentierten Analysen in entscheidenden Teilen von den einschlägigen Wissenschaftskreisen nicht anerkannt. Hawass zeigte daraufhin eine neuerliche Trotzreaktion – sie ist bis heute einmalig in der Geschichte der Ägyptologie. In seiner Eigenschaft als

Vorsitzender des ägyptischen Rates für Altertümer erließ er folgende Direktiven:

- Sämtliche vorliegenden Ergebnisse der bereits erfolgten Tests an den Mumien und jene der künftigen Analysen sind strikt geheim zu halten.
- Alle königlichen Mumien unterliegen wegen hohen Gefährdungspotenzials für die Toten der nationalen Sicherheit!

Wollte der ägyptische Indiana Jones mit seinen spektakulären Anordnungen lediglich davon ablenken, dass seine bisherigen Aktivitäten auf dem Feld der DNA-Untersuchungen alles andere als von Erfolg gekrönt waren? Statt Sondersendungen über die Identifizierung der Nofretete-Mumie gab es allenfalls Berichte über das Pleiten-, Pech- und Pannen-Unternehmen der Ägypter, das wohl Kosten in zweistelligem Millionenbereich verursacht hat. Aber man hatte es ja in Ägypten …

An diesem Punkt sei nochmals auf die Beharrlichkeit des Ministers hingewiesen. Selbstverständlich waren die bisherigen Schritte sündhaft teuer gewesen, dafür aber unergiebig. Hawass nutzte seine vielfältigen Kontakte, die sogar den US-Präsidenten Barack Obama umfassen, und startete flugs ein neues Projekt.

Das *King Tutankhamun Family Project*

Und Hawass zeigte, dass er aus den Fehlern der Vergangenheit zumindest teilweise gelernt hatte. Diesmal scharte er ein hoch qualifiziertes internationales Expertenteam um sich. Zu den Koryphäen, die an dem Projekt mitwirkten, gehörte auch der deutsche Humangenetiker Carsten Pusch, der u. a. an der Eberhard-Karls-Universität in Tübingen wirkt.

Für ihre Arbeit entnahmen die Experten DNA-Proben des Königs Tutanchamun, dann der im Tal der Könige in KV 55 gefundenen, aber erheblich skelettierten Mumie sowie ferner von der aus KV 35 stammenden Mumie des Potentaten Amenophis III.* Um die Abstammungen auch mütterlicherseits klären zu können, wurden auch DNA-Proben von Juja und Tuja, den Eltern der Königin Teje, die mit Amenophis III. verheiratet gewesen war, herangezogen.

Die, wie sich später herausstellen sollte, gewichtigste Entscheidung aber betraf zwei feminine Mumien, die man in einer Geheimkammer von KV 35 bereits lange Zeit zuvor aufgespürt hatte. In den einschlägigen Fachverzeichnissen führt man sie deshalb als »KV 35EL« (EL steht für »Elder Lady«, bedeutet also so viel wie »Ältere Dame«) und »KV 35YL« (YL steht, wie bereits erwähnt, für »Younger Lady«). Die Forscher gingen davon aus, dass es sich bei beiden Frauen wohl um Angehörige der Herrscherfamilie handeln würde. Bislang gehörten sie in die lange Liste der anonymen Familienmitglieder (falls sie überhaupt dazuzurechnen waren). Jetzt bestand berechtigte Zuversicht, vielleicht auch ihrem Schicksal auf die Spur zu kommen. Würde sich gar eine Probe als zum Leichnam der Nofretete gehörend entpuppen?

Rasch war der Stammbaum Tutanchamuns geklärt. Amenophis III. ist der Vater jener arg ramponierten Mumie aus Grab KV 55. Der darin aufgefundene, zerfallene Körper gehörte einst Tutanchamuns Vater. Demnach war Amenophis III. der Großvater Tutanchamuns. Folglich ist das KV-55-Skelett alles, was von Tuts Vater geblieben ist. Amenophis IV., alias Echnaton, war also der Sohn Amenophis III. und Vater Tutanchamuns.**

---

* In KV 35, dem Grab Amenophis' II., wurden mehrere Mumien gefunden, die schon in der Antike dorthin umgebettet worden waren.

** In Fachkreisen kursieren auch andere, davon abweichende Analyseergebnisse, die zum jetzigen Zeitpunkt nicht verifizierbar sind.

War Nofretete ergo doch, wie einige mutmaßten, die Mutter des mit unvorstellbaren Reichtümern begrabenen Teenager-Pharaos? Die Wahrscheinlichkeit nahm jedenfalls zu – und auch der Adrenalin-Ausstoß stieg mit jeder weiteren Analyse merklich.
Und wieder waren die Forscher auf der richtigen Spur. Juja und Tuja, die Eltern der späteren »Großen königlichen Gemahlin« von Amenophis III., der geachteten Königin Teje, entpuppten sich als die Urgroßeltern Tutanchamuns!
Jetzt hing alles, wie angenommen, von den beiden Mumien KV 35EL und KV 35YL ab. Sollte man wirklich bald Nofretetes Antlitz dingfest machen können? Man stand so kurz davor! Die letzten diesbezüglichen Testreihen würden es an den Tag bringen.
Die Untersuchungsergebnisse der beiden KV-35-Damen waren sehr interessant – und vor allem auch sehr enttäuschend, zumindest im Hinblick auf die Identifizierungsbemühungen. Verwendet wurde bei dem Prozedere mitochondriales DNA-Material der beiden Toten, das man anschließend klonte, bevor man davon Bakterienkulturen anlegte, die im Anschluss zur Untersuchung gelangten. Heraus kam nämlich, dass beide Frauen die identische DNA besitzen. Ergo sind KV 35EL und KV 35YL engstens miteinander verwandt! Entweder handelt es sich bei den sterblichen Überresten um Mutter und Tochter oder aber man hat es mit zwei Schwestern aus dem Hochadel jener Epoche zu tun.
Aber beide Damen hatten den Spezialisten um Carsten Pusch noch mehr zu bieten. So überraschend es auch war, die »Elder Lady« ließ sich zudem als direkte Nachfahrin von Juja und Tuja (also deren Tochter) einordnen. Vergebens war die kapitalintensive neuerliche molekularbiologische »Fahndung« also nicht. Denn Juja und Tuja waren zweifellos die Erzeuger der Teje, wie wir bereits wissen. Und noch etwas

kristallisierte sich heraus: KV 35EL und ebenso KV 35YL waren Verwandte des zu einem späteren Zeitpunkt inthronisierten Tutanchamun.
Der Zellkern-DNA-Bestimmung verdanken wir, dass die »Younger Lady« als Mutter Tutanchamuns von den Ägyptologen angesehen wird. Bei den üblichen diesbezüglichen Spekulationen fallen die Namen Nofretete und Kija, die »Große geliebte Frau des Königs« Echnatons (zu ihr später mehr). Aber genauso ist es denkbar, dass es sich bei der Mumie um eine bislang unbekannte Prinzessin handelt, die den »Goldenen Pharao« zur Welt brachte.

Warum fehlt Nofretete?

Jubel wollte sich bei den Gen-Analysten freilich nicht einstellen. Kein Wunder: Das unausgesprochene Ziel, die Mumie Naftetas präsentieren zu können, wurde klar verfehlt. Hatte es im ersten Anlauf noch an der wahrlich nicht immer professionellen Arbeitsweise und mangelndem Know-how gelegen, spielten derartige Komponenten diesmal wohl eine zu vernachlässigende Rolle. »Die internationale Kooperation war einmalig«, erinnert sich Molekulargenetiker Carsten Pusch lobend. Bescheiden verliert er dabei über die eigene Leistung im Rahmen des *Tutankhamun Familiy Project* kaum ein Wort.
Tatsächlich entwickelte sich Dr. Carsten Pusch alsbald zu einem der führenden Köpfe der Arbeitsgruppe. Und das will etwas heißen auf einem Wissenschaftsgebiet, das von Neid, Missgunst und Mobbing nicht verschont geblieben ist. Umso wichtiger war für den Erfolg des Unternehmens neben der rein wissenschaftlichen Tätigkeit auch der integrative und kooperative Arbeitsstil des Tübingers. Selbst der meist kritische Zahi Hawass stellte sachlich fest: »Pusch hat viel bewegt.

Sein Engagement für die Sache ist vorbildlich gewesen. Dafür werde ich ihm stets dankbar sein.«

Und wer weiß: Vielleicht kommt es ja zu einer Neuauflage der Arbeiten. Der Sache könnte Puschs neuerliche Mitwirkung nur zuträglich sein, denn zwischenzeitlich hat er mit seinem Renommee der deutschen Humangenetik wieder zunehmend Anerkennung und Respekt verschafft – im Inland wie im Ausland.

In Bezug auf das Intimleben der Amarna-Familie sind in jüngerer Zeit wichtige Informationen über die DNA-Untersuchungen an Mumien des Herrscherhauses der 18. Dynastie publiziert worden. Diese stießen auf weltweites Echo. Die wichtigste Erkenntnis gipfelte in der Mitteilung, dass man nunmehr die Mumie Nofretetes identifiziert habe sowie ebenfalls die weiterer Personen des Königshauses. Demnach war Nofretete:

- die Tochter von Teje II. und dem »Gottesvater« Eje, dem späteren Pharao
- die Cousine und Gemahlin von Echnaton
- die Mutter von sechs Töchtern, darunter der späteren Königin Anchesenamun

Endlich, endlich herrscht – den ägyptologischen DNA-Untersuchungen sei Dank – Ordnung in der Amarna-Familie. Aber halt! Da gibt's doch glatt noch eine andere mögliche Konstellation, die sich aus den DNA-Untersuchungen ableiten lässt. Demzufolge war Nofretete:

- die Schwester Echnatons
- seine »Große königliche Gemahlin«
- die Mutter der gemeinsamen dritten Tochter Anchesenamun, die ihrerseits ihren Halbbruder, den durch sein unberührtes Grab berühmt gewordenen Herrscher Tutanchamun, ehelichte

Also gut, auch wenn nichts Eindeutiges herausgefunden wurde, hat sich damit die Zahl der Varianten doch drastisch verringert und wir haben wenigstens halbwegs gesicherte Erkenntnisse vorliegen – könnte man denken. Das ist jedoch ein kapitaler Trugschluss. Denn es gibt mittlerweile DNA-gestützte wissenschaftliche Arbeiten, die darauf hinauslaufen, dass Nofretete nicht nur sechs Töchtern das Leben schenkte, sondern auch der Mutterschoß Tutanchamuns gewesen ist.
Das Ganze ist ein neues ägyptologisches Trauerspiel. Anstatt Ordnung in die Genealogie der späten 18. Dynastie zu bringen, herrscht totale Unklarheit. Die Konfusion ist eine einzige akademische Blamage. Die hohen Erwartungen erfüllten sich leider nicht. Mehr und mehr stellte sich heraus, dass die meisten Resultate fragwürdiger Natur sind. Nehmen wir allein den beliebten Tutanchamun: Für ihn ermittelten die Erforscher der altägyptischen Kultur bislang in aller Regel ein Alter von 18 bis 20 Jahren. Der DNA-Test erbrachte dagegen eine effektive Lebensspanne von 23 bis 27 Jahren. Das ergibt eine Differenz zwischen 15 und 35 Prozent! Angesichts derartiger Unterschiede kann man in den muffigen Gelehrtenstuben allmählich damit beginnen, die Chronologie der Ereignisse neu zu schreiben.
Dagegen sind die Molekularbiologen erfreulich selbstkritisch. Sie wissen um noch bestehende Schwachstellen ihrer Ergebnisse. Nehmen wir als Beispiel die beiden Föten, die man in einer der Kammern von Tutanchamuns Grab vorgefunden hat. Die beiden mumifizierten Frühgeburten erbrachten in der DNA-Analyse unbrauchbare Ergebnisse. Warum? Dazu Carsten Pusch: »Irgendetwas ist merkwürdig im Erbgut der beiden Frühgeburten.« Da ist es wieder, verklausuliert zwar, aber eindringlicher denn je zuvor – das unangenehme Thema »Inzest«.
Und damit sind wir wieder beim Sexualleben der Pharaonen angekommen. Hat Echnaton nun oder hat er nicht? Eindeu-

tig »Ja«, wenn man sich »Stammbaum X« in der Beurteilung anschließt. *Aber*: Folgt man »Stammbaum Y«, muss man ein entschiedenes »Nein« als Antwort geben. Doch: Variante C ist auch nicht schlecht. Sie verlangt allerdings, dass man sich für die Antwort »Jein« entscheidet.

Ehrlich gesagt ist die aufgeregte Diskussion um den Pharaoneninzest ein alter Hut. Rational lässt sich die Diskussion jedenfalls nicht erklären. Vermutungen, mal mehr, mal weniger fundiert begründet, kursieren nämlich schon seit Jahrzehnten. Erinnert sei hier nur an die entsprechenden Einlassungen Cyril Aldreds in seinem Echnaton-Buch aus den 1960er-Jahren.

Auch konnte sich Achanjati bei seinen Machenschaften auf ein miserables »Vorbild« berufen – seinen Erzeuger Amenophis III. Dieser hatte in zweiter Ehe keine Geringere als die Prinzessin Satamun geehelicht, seine eigene Tochter.

Der anomale, sexistische Reigen nahm übrigens auch mit Echnatons Ableben kein Ende. Sein nicht minder bekannter Nachfolger im Amt aus der 19. Dynastie leistete sich das gleiche abnorme Entzücken. Es handelte sich um keinen Geringeren als den von der Geschichtsschreibung als »der Große« betitelten Ramses II. (ca. 1279–1212 v. Chr.). Er ehelichte seine eigene Tochter Meritamun. Nachdem die Mutter verblichen war, nahm Meritamun deren Stellung im Königspalast ein.

Die Sexualpraktiken der mit diktatorischer Macht regierenden Potentaten blieben ohne Folgen. Kein Ägypter erhob die Hand dagegen. Ramses brachte es auf eine 67-jährige Regierungszeit. Dass er für seine Taten nach irdischen Maßstäben gebüßt hätte, kann man daraus wahrlich nicht ablesen.

Was uns erzürnt, war dem gemeinen Ägypter nämlich piepegal. Der Inzest innerhalb der Königsfamilie, lautete die religiöse Begründung, stärke das dynastische Blut und verhindere so deren Aussterben. Damit war die Sache erledigt.

Kija und das Märchen von der »großen Liebe«

Wer sich mit dem Alten Ägypten befasst, »stolpert« früher oder später über die Skulpturen, Zeichnungen und Reliefs der Amarna-Periode, die die Königsfamilie in trauter Einigkeit zeigen. Sei es, dass das Paar gemeinsam dem Aton opfert, oder sei es, dass Echnaton und Nofretete zärtlich mit ihren Kindern spielen. Sämtliche Szenen vermitteln das Bild intakten Eheglücks, das auf den monotheistischen Gott zurückzuführen sei, wie die strahlende Sonnenscheibe mit der eingearbeiteten Uräusschlange suggeriert.

Es könnte sich eines Tages herausstellen, dass etliche dieser Darstellungen lediglich reine Propaganda-Schilderungen vermittelten, waren beide Ehepartner doch den Lockungen und Verlockungen des anderen Geschlechts durchaus zugetan. Was Echnaton anbelangt, handelte es sich bei den Auserwählten seiner Leidenschaft primär um gewandte Haremsdamen. Ihre »Karriere« war meist von kurzer Dauer, sodass wir häufig nicht einmal ihre Namen kennen.

Doch es gibt Ausnahmen. Eine Dame, die uns überliefert ist, trägt den kurzen Namen Pi. Der findet sich auf einem hölzernen Uschebti* aus der Aton-Epoche. Aber erst durch ihre Titelnennung wird klar, welche Stellung sie im Leben des Königs innehatte. Pi trägt nämlich die damals durch-

* Uschebtis sind Figuren, die dem Toten mit ins Grab gegeben wurden, um im Jenseits für ihn stellvertretend Arbeiten zu verrichten.

25 Nofretetes Erzrivalin Kija. Sie bezirzte Echnaton, doch sosehr sie sich auch mühte, erreichte sie nur den Titel »Große geliebte Frau des Königs«. Die einzig wahre »Große königliche Gemahlin« blieb Nofretete.

aus ehrenhafte Bezeichnung »Schmuck des Königs« (auch: »Augenstern des Königs«).

Allerdings spielten Pi und ihre Schicksalsgefährtinnen in der Amarna-Zeit allesamt keine nennenswerte Rolle oder zumindest gibt es darüber keine Erkenntnisse – mit einer Ausnahme: Kija. Über ihren Status schreibt der Ägyptologe Eric Hornung, seines Zeichens einer der führenden Forscher in diesem Metier: »Seit jeher gibt es im königlichen Harem nur eine ›Große königliche Gemahlin‹, und das ist im Falle Echnatons Nofretete. Kija trägt dagegen den ganz ungewöhnlichen offiziellen Titel: ›Große geliebte Frau des Königs‹, der sie über alle anderen Haremsdamen emporhebt.«

Häufig wird gemutmaßt, Kija sei eine Ausländerin gewesen, die ursprünglich Taduchepa hieß und von ihrem Vater gegen Gold und andere Reichtümer nach Kemet an den Hof regelrecht verschachert wurde.*

* Diesen Lebensweg haben übrigens einige Altertumsexperten auch für Nofretete angenommen. Weder für sie noch für Kija lässt sich dieses Schicksal bisher auch nur annähernd ausreichend dokumentieren.

Die ägyptologische Forschungstätigkeit zu Kija setzte erst ab 1959 allmählich ein. Heute verfügt die Fachwelt über ein (fast) ausreichendes Quellenvolumen und die anfängliche distanzierte Beschäftigung mit ihrer Person ist wissenschaftlicher Neugier und Interesse an ihrem persönlichen Werdegang gewichen. Inzwischen wird sie zweifelsohne zu den tonangebenden Personen der Aton-Metropole gezählt. Das beste Beispiel hierfür ist ihre Unterbringung in »Echnaton-City«. Der Pharao scheute weder Kosten noch Mühen, um Kija das Leben so angenehm wie möglich zu machen. Und Kija genoss die königliche Fürsorge in vollen Zügen. So nahm sie ohne Verlegenheit dankend das Domizil an, das Achanjati ihr zukommen ließ – den Süd-Palast Maruaton. Hinzu kam noch eine ausreichende Dienerschaft und Gelände für eigene landwirtschaftliche Nutzung. Herz, was begehrst du mehr?
Die Antwort auf diese Frage – falls sie wirklich von Echnaton gestellt worden ist – hätte höchstwahrscheinlich gelautet: Ägyptens Kronen für die »Große königliche Gemahlin«. Doch genau dieses Ansinnen sollte sich für Kija ihr Lebtag lang nicht erfüllen. Die wahre Königin an Echnatons Seite war – und sie sollte es auch bleiben – Nofretete.

Zickenkrieg in Achetaton

Nofretete und Kija haben sich nach Lage der Dinge schon in jüngeren Jahren kennengelernt. Und beide dürften mutmaßlich anfänglich dasselbe Ziel verfolgt haben, nämlich Königin von Kemet zu werden. Also rivalisierende Streitigkeiten von Anfang an zwischen den beiden Damen? Von welcher Seite aus man es auch betrachtet, es gibt dafür keinen Beweis. Alles, was diesbezüglich an Argumenten und Indizien vorgebracht wird, hält einer genaueren Betrachtung nicht stand. Nofretete

war die »Große königliche Gemahlin«, Kija hingegen nur die »Große geliebte Frau des Königs«. Und so blieb es nach den Erkenntnissen der Ägyptologen auch.
Das wiederum bedeutet nicht, dass die ganze Zeit eitel Sonnenschein zwischen Nefertiti und Kija herrschte. Im Gegenteil. Hier ist vielmehr davon auszugehen, dass Dr. Nicholas Reeves im Recht ist, der dargelegt hat: »Echnatons Wertschätzung für Kija wird für Nofretete sicherlich eine Bedrohung dargestellt haben, die zu ignorieren sie sich nicht erlauben konnte.« Und er fügt hinzu: »Daher wird es kein Zufall sein, dass mit dem Ableben Kijas der außerordentliche Aufschwung der Geschicke der Großen königlichen Gemahlin rasant einsetzt.«
Nofretete, das muss man sich in diesem Kontext immer wieder ins Bewusstsein rufen, war nicht nur Ehefrau, Mutter, Geliebte, Königin und Mitglied der Aton-Triade, sondern auch eine kühl berechnende, besonnen, aber ungemein zielstrebig agierende Strategin – kurz, eine hervorragende Taktikerin der Macht. Auch diese Seite ihres Naturells setzte sie rücksichtslos ein, wenn sich dadurch ihr Status erhöhte oder zumindest absichern ließ. Entsprechend wird sie Kija gegenüber vorgegangen sein.
Über Kijas Leben bei Hofe ist uns nichts bekannt. Sie mag einen gewissen »Freundeskreis« auf ihrer Seite gehabt haben, der sich im Bedarfsfall auch vor sie gestellt haben mag, aber letztendlich war ihr Wohlergehen stets abhängig von der Gunst Achanjatis.
Wie lange dieser altägyptische Zickenkrieg andauerte, wissen wir nicht. »Über den Zeitpunkt ihres (Kijas/Anm. d. Verf.) Todes ist sich die Forschung uneinig (Wie könnte es anders sein?).« Die Anmerkung in Klammern von Michael E. Habicht spricht Bände. Der akribische Ägyptologe weiß um das Dilemma. Der Zeitpunkt von Kijas Dahinscheiden gehört zu den Fragen zur Amarna-Zeit, die mit am häufigs-

ten und auch am hitzigsten kontrovers diskutiert werden. Dabei kommen auch wundersame Theorien und Interpretationen zutage, die in jeder Sammlung über ägyptologischen Dilettantismus einen Ehrenplatz verdienen.
Ebenso verhält es sich auch in Bezug auf das »Verschwinden« Kijas. Hierzu hat die Ägyptologin Christine El Mahdy Folgendes zu Papier gebracht: »Im Jahr 12 verschwand Kija, und man hörte nie wieder von ihr.« El Mahdy geht dabei von der Überschreibung des Namens Kija in Tempeldarstellungen und Fragmenten durch solche von Nefertitis Kindern aus. Die Tatsache an sich ist in Ägyptologenkreisen unbestritten. Allerdings ist nicht bekannt, wann das genau geschah. Eine zeitlich exakte (!) Einordnung lässt sich daraus also nicht herleiten. Folglich besteht die Möglichkeit weiterhin, dass Nofretete sowohl vor als auch nach Kija starb.
Einig ist sich die Zunft der Ägyptologen auch weitgehend darüber, dass der in KV 55 – vermutlich das Grab Echnatons – gefundene Schädel große Ähnlichkeit aufweist mit dem Kopf Tutanchamuns.
Nur weiß man nicht, um welche Person es sich bei dem Toten handelt. Um den infrage kommenden Personenkreis einzugrenzen, schreibt El Mahdy dazu wörtlich: »Es besteht also durchaus die Möglichkeit, dass hier eine Akromegalie vorliegt, und wenn das der Fall sein sollte, dann wäre der Leichnam in Grab KV 55 weiblich.«
Wir bedauern, Frau El Mahdy belehren zu müssen: Akromegalie ist eine Wachstumsstörung, die bei Frauen wie aber auch bei Männern gleichermaßen zu diagnostizieren ist. Auf dieser medizinischen Grundlage lässt sich folglich nicht im Geringsten herleiten, dass die Mumie weiblich sein muss, und auch nicht, dass der Schädel Kija gehörte und sie somit die Mutter Tutanchamuns war.
Fakt ist jedenfalls: Auch heute, gut 20 Jahre nach der Veröffentlichung von El Mahdys Indizienketten, wissen wir weder

wann Kija verstarb, noch worin die Todesursache bestand. Auch von ihrer letzten Ruhestätte haben wir keine Kenntnis. Die Annahme, sie sei kurzfristig im königlichen Felsengrab bei Amarna bestattet worden, ist fragwürdig und wird von etlichen Ägyptologen angezweifelt. Wie dem auch sei: Die teilweise Oberflächlichkeit von El Mahdys Interpretationen ist hingegen seit den DNA-Untersuchungen von 2010 dokumentiert – die skelettierte Mumie von Grab KV 55 ist männlich. Und damit hat sich das Konstrukt der Ägyptologin erledigt.
Einen Punkt muss man El Mahdy allerdings zugestehen: Der in Grab KV 55 der thebanischen Königsnekropole bestattete Mann lag in einem Sarg, der ursprünglich einmal für eine andere Person angefertigt worden war – »die große Geliebte« Kija.

Die wahre »große Liebe« der Königin

Nicht die geringste Spur gibt es auch von Kijas mutmaßlich einziger Tochter. Starb sie nach nur kurzer Lebensspanne? Der Franzose Marc Gabolde will Kijas Tochter als Baketaton, die geheimnisvolle Prinzessin, die sich bislang nicht sicher zuordnen lässt, identifiziert haben. Eines ist sicher: Das Schicksal der Amarna-Frauen ist unisono das größte noch ungelöste Rätsel des kurzlebigen altägyptischen Amarna-Intermezzos.
Und auch diese Frage muss aufgeworfen werden: Wurde die Beziehung Achanjatis zu Kija lediglich ein Opfer der Staatsräson? Waren am Ende Nofretete und ihr »Märchenprinz« gar nicht das von Aton mit Glück überschüttete Traumpaar? Bedenken wir, dass wohl auch Nofretete mit relativ hoher Wahrscheinlichkeit auf so manche Eskapade in ihrem Leben zurückblicken konnte. Es ist unmöglich, dass Achanjati über kurz oder lang nichts davon erfahren hat …

Nofretete war Kija mit an Bestimmtheit grenzender Wahrscheinlichkeit nicht wohlgesinnt und behielt sie stets wachsam im Auge. Aber daraus zu schließen, der Motor hierfür sei ihre Liebe zu Echnaton gewesen, mag vielleicht zutreffen, die einzige Triebfeder für ihr Tun war diese Liebe sicher nicht. Denn außer der Liebe zu ihrer Familie hatte Nofretete noch eine zweite Seele in der Brust – ihre Liebe zur Macht. Und die war jäh gefährdet, denn in Windeseile verbreitete sich in ganz Kemet der Ruf: »Die Hethiter kommen!« Ägypten stand vor der Invasion.

»Die Hethiter kommen!«

Fraglos ist Nefertitis Büste der spektakulärste Fund, der in Achetaton geborgen wurde. Der *historisch* bedeutsamste ist die 1912 ausgegrabene Skulptur allerdings bei Weitem nicht. Dieser »Ehrentitel« gebührt vielmehr einer früheren Entdeckung auf dem Territorium der altägyptischen Exhauptstadt. Die gelang bereits 1887 auf dem Feld des ehemaligen Staatsarchivs – einer Bäuerin. Dort stieß sie auf die rege diplomatische Korrespondenz, hauptsächlich Echnatons, mit seinen Nachbarstaaten. Durch spätere Nachgrabungen kamen letztlich insgesamt über 300 Tontafeln mit eingedrückten Keilschriftzeichen zum Vorschein. Viel genauer können wir die Gesamtanzahl der Briefe nicht beziffern, weil sich die Ägyptologen nicht einmal in diesem Fall einigen können.
Michael Habicht hütet sich, eine Gesamtanzahl der Tafeln und Tafelfragmente zu nennen. Sogar eine Zahl aus den Reihen der Ägyptologengilde aufzugreifen, vermeidet er (wohl aus gutem Grund) und zitiert stattdessen lieber den »Hobby-Ägyptologen« Philipp Vandenberg, der in seinem Nofretete-Sachbuch insgesamt auf 385 Briefe kommt.
Zunftgenosse Werner Keller bietet dagegen in seinem Weltbestseller *Und die Bibel hat doch recht* die Zahl »von insgesamt 377 Dokumenten« an. Aber selbstredend hat auch die Fachrichtung genaues Datenmaterial erhoben. Cyril Aldred etwa, eine zwischenzeitlich leider verstorbene Kapazität für die Amarna-Forschung, geht von »etwa 350 in der Mitte dickeren, am Rand dünneren Platten« aus. »Bis heute sind

26 Ein Exemplar der sogenannten Amarna-Briefe. Knapp 400 derartiger in Keilschrift abgefasster Tontafeln wurden seit 1887 in den Ruinen des Staatsarchivs von Amarna entdeckt.

379 Exemplare bekannt geworden«, weiß hingegen der nicht minder versierte Experte Hermann A. Schlögl.

Dabei lässt es die Ägyptologie aber nicht bewenden. Fast sämtliche Archäologen bezweifelten anfänglich massiv die Echtheit des »Wunderfundes«. Erst im Laufe der Jahre änderte sich das Urteil. Heute ist die Echtheit dank neuer Techniken, Analysemethoden und deutlich besserem Informationsstatus bestätigt. Das Urteil fällt deshalb eindeutig aus. Die Amarna-Briefe geben uns einen einmaligen Einblick in Kemets Außenpolitik zur Zeit Nofretetes. Aber: Nofretete wird in den Briefen weder als Empfängerin noch Absenderin genannt. Bis auf vielleicht eine der Tafeln, die höchstwahrscheinlich Tutanchamun zugerechnet werden muss, beziehen sich sämtliche Schriften auf Echnaton oder seinen Vater Amenophis III.

Das steht in scheinbarem Widerspruch zu der Einschätzung, dass Nofretete in Fragen der Außenpolitik die Zügel fest in der Hand hielt. Doch dem ist bei genauerer Betrachtung nicht so. Auch Naftetas Vorgängerin im Amt der »Großen königlichen Gemahlin«, Teje, wird auf den gebrannten Ton-Postillen von einer Ausnahme abgesehen nicht als Adressatin angegeben. Und dennoch ist ihr massiver Einfluss auf die Politik ihres Gatten Amenophis III. in der Fachwelt unbestritten. Nicht anders verhält es sich im Falle von Nofretete. Ihre Dominanz in der Innen- wie Außenpolitik im Ägypten jener Tage kann als gesichert angesehen werden.
Wie kompliziert aber wären diese Schreiben geworden, wenn Nefertiti quasi zwei Versionen, die von Echnaton und ihre eigene Position, hätte darlegen sollen? Nofretete war deshalb gut beraten, ihrem Vorbild Teje auch in diplomatischer Gepflogenheit nachzueifern. Die Formel dazu war relativ einfach. Der Empfänger der Diplomatenpost hieß Achanjati, die Antwort aber verfasste wohl in den allermeisten Fällen seine königliche Gemahlin. Und damit war Nafteta wahrlich gut beschäftigt – besonders bei Rückschreiben. Erst hörte sie die jeweils betroffenen Amtsvorsteher und Berater. Anschließend ließ sie nach ihren Vorgaben einen Entwurf erstellen, der ihr nochmals zur Kenntnis gebracht wurde. Hierfür war ein Übersetzer unerlässlich, da man die auswärtige Post in die damalige »lingua franca« der Diplomatie (Babylonisch) übertrug. Anschließend brachte man die Täfelchen per altertümlichem »Pony-Express« auf den Weg zu seinem Bestimmungsort.
Der Inhalt der in Tell el-Amarna gefundenen Keilschrifttafeln wurde im Laufe der Jahre zunehmend dramatischer. Anfänglich drehte sich die Korrespondenz um bilaterale Lappalien. So beschwerte sich beispielsweise der König von Babylon bei Echnaton, er habe ihm »Gold von minderem Gehalt« gesandt. Doch mehr und mehr hatten die Briefe

die Existenzängste der Vasallenstaaten im Norden und Nordosten von Ägypten zum Inhalt. Denn während an der südlichen Grenze zu Nubien schon seit Jahrzehnten Ruhe herrschte, veränderte sich das politisch-militärische Bild zwischen Karkemisch, der libanesischen Küstenregion, und dem altägyptischen Kerngebiet auf der Höhe von Gaza nachhaltig. Letztlich war in der gesamten syrischen Küstenregion »Feuer unter dem Dach«.

Dabei hatten gerade die Völker und Stammesgruppen in diesem Landstrich Hoffnung auf ein weiterhin friedliches Miteinander. Denn schon seit etlichen Jahren war es nicht mehr zu kriegerischen Handlungen gekommen. Die Basis hierfür bildete eine Art Friedens- und Beistandsabkommen der beiden damaligen Großreiche im vorderasiatischen Raum, Ägypten und Mitanni. Den Pakt hatte Thutmosis IV. (ca. 1419–1386 v. Chr.) geschlossen, Echnatons Großvater.

Doch die Situation hatte sich in Windeseile grundlegend verändert. Die Hatti, heute Hethiter genannt, hatten aus dem anatolischen Raum kommend in atemberaubender Schnelligkeit ein Reich geschaffen, das sich nunmehr vom Kaspischen Meer bis Ankara im Westen und Aleppo im Süden erstreckte. Dort stieß man an die Grenzen von Mitanni. Das »Großreich« allerdings hatte längst seine Macht und Herrlichkeit verloren. Es war den Hethitern jedoch zu Ohren gekommen, dass sich die Bewohner von Mitanni mit den Ägyptern verbündet hatten – und eine Konfrontation mit dem ruhmreichen, hoch gerüsteten ägyptischen Heer wollte man (noch) nicht riskieren. So verlagerte sich das Geschehen zunächst auf den bereits skizzierten mediterranen Küstenstreifen.

Von dort erreichten verzweifelte Botschaften das »auswärtige Amt« in Achetaton. So schrieb der treue Vasall Ribiddi von Byblos an Achanjati: »Die Soldaten von Hatti verbrennen die Länder.« Nicht minder dramatisch hörten sich die Nach-

27 Ribiddi, Ägyptens treuer Vasall in Byblos, schrieb verzweifelt an seinen König: »Die Hethiter verbrennen unsere Länder!«

richten des Fürsten der Hafenstadt Ugarit an. »Für meinen Herrn, die Sonne, will ich auch weiterhin dienen, wenn nur nicht der König von Hatti Krieg gegen mich führt!« Echnaton blieb von den Schreckensbotschaften offensichtlich unbeeindruckt. Jedenfalls sind uns über militärische Gegenoperationen von ägyptischer Seite keine Informationen bekannt.

Ägyptens Untätigkeit zeigte Wirkung. Ein Stadtstaat nach dem anderen fiel den immer aggressiver agierenden Hethitern in die Hände. Besonders in den nördlichsten, also den entferntesten Landesteilen fielen die Fürsten und Statthalter von Kemet ab. Einer von ihnen war der bis dahin durchaus zuverlässige König Aitakama von Kadesch.

Warum griff Ägypten nicht in den Krieg ein? Die lange Zeit in der Ägyptologie vorherrschende Meinung, Echnaton und

Nofretete seien Pazifisten gewesen, ist längst passé. Dagegen steht u. a. der Bericht über einen Feldzug im 12. Regierungsjahr des Königs. Allerdings hatte der König mit Politik wahrlich nicht viel am Hut. Hier dominierte zweifelsfrei Nofretete. Ging also der Entschluss zur passiven Haltung in Wahrheit auf die emanzipierte Königin zurück? Mit dieser Fragestellung kommen wir zu einem der umstrittensten Themenbereiche in der Nofretete-Forschung – auch und gerade unter den Ägyptologen selbst! Sie forschen seit Jahren nach der Antwort auf die Frage: War Nefertiti die erste Heerführerin der Weltgeschichte, sozusagen die erste »Eiserne Lady«? Auf den ersten Blick scheint die Antwort darauf einfach und klar – ist sie aber nicht.

Nofretete: Die erste »Eiserne Lady«?

Der interessierte Laie sieht sich zwei Fachgruppierungen gegenüber, deren Argumentationen beide durchaus plausibel erscheinen. Zunächst einmal ist festzuhalten, dass es ganz generell betrachtet keinen eindeutigen Fall in der altägyptischen Geschichte gibt, indem die »Große königliche Gemahlin« *beweisbar* Oberkommandierende des Heeres gewesen wäre. Wieso entzündete sich dann ausgerechnet an der dominanten Königin eine Diskussion über ihre möglichen taktischen und strategischen Qualitäten? Die Erklärung ist plausibel: weil die Fundsituation es verlangt, denn bei keiner anderen Königin ist sie auch nur annähernd vergleichbar umfangreich.

In Achetaton etwa erblickt man (was allein schon ungewöhnlich ist) Nofretete gemeinsam mit Achanjati während einer Fahrt mit dem Streitwagen durch die City. Doch es kommt noch besser: Im Felsengrab von Amarna, konkret im Grab von Merire, ist eine Wandbebilderung zu sehen, auf der

28 Handelt es sich bei dieser Darstellung um das bekannte Ritual »Das Erschlagen der Feinde« oder um eine reale Kriegsszene? War also Nofretete die erste Feldherrin der Weltgeschichte?

Nefertiti, ausgestattet mit Pfeil und Bogen, einen »Vierspänner« über die breiten Boulevards ihrer neuen Hauptstadt lenkt – und zwar allein! Auch ein derartiges Szenario soll angeblich zuvor nur einmal entdeckt worden sein – zu sehen ist in diesem Fall die uns bereits bekannte Exkönigin Teje, Echnatons würdevolle Mutter. Beide Hinterlassenschaften aber sind bestenfalls nur als Hinweise, längst jedoch nicht als Beweise zu werten.

Diese fachliche Einmütigkeit endet aber spätestens bei zwei »Talatat«-Blöcken. Auf besagten Bauziegeln (aus Karnak) ist Nofretete im ersten Fall gleich dreimal (!) beim Töten der »elenden Feinde« zu sehen. Auf der ersten Abbildung trägt sie sogar die hohe blaue Krone, die ihr Haupt auch bei der »Berliner Büste« ziert. Eine Verwechslung ist demnach ausgeschlossen. In zwei Fällen kann man deutlich erkennen, wie die Königin erbarmungslos ihre Feinde am Schopfe packt und die wehrlosen Gefangenen brutal mit einem dolchartigen

Messer ersticht, obwohl diese sie in einem letzten Verzweiflungsakt mit erhobenen Händen um Verschonung anflehen. In der dritten Szene zerquetscht Nofretete sogar in Gestalt einer Sphinx den schon auf dem Boden liegenden Körper, den vielleicht schon sein Schicksal ereilt hat.

Diese Darstellungen werden von einigen wenigen Wissenschaftlern bereits als starke Indizien gewertet, dass Nofretete aktiv an zumindest einem Feldzug teilgenommen hat. Aber auch hier kann man nur vor vorschnellen Urteilen warnen. Denn bei genauer Betrachtung der Gefangenen erkennt man schnell, dass es sich bei den um Gnade flehenden Personen nicht um Soldaten handelt, sondern um – Frauen! Bedeutet das etwa, dass Nefertiti gar gegen Amazonen zu Felde zog?

Joyce Tyldesley schob derartigen Überlegungen bereits 1998 einen Riegel vor. Das »Töten der Feinde«, stellte sie klar, »braucht man allerdings nicht allzu wörtlich aufzufassen.« Sie verweist diesbezüglich auf eines der ältesten Fundstücke des Nillandes, die berühmte Narmer-Palette, die aus der Frühzeit des Reiches stammt und diese Szene bereits enthält. Die Abbildungen seien deshalb als »visuelle Metapher« zu werten.

An dieser Haltung hat auch eine weitere Entdeckung auf einem Block aus Hermopolis Magna nichts geändert. Nofretete ist dort auf einem Schiff stehend zu sehen, wie sie neuerlich den rechten Arm erhoben hält, um eine Feindin niederzustrecken. Die Tatsache, dass auch in diesem Fall eine weibliche Gefangene abgebildet ist, sehen viele Forscher als Bestätigung dafür an, dass man hier einen weiteren Beleg für die Richtigkeit der ägyptologischen Einstufung der »Kriegsszenerien« als symbolische Kultdarstellungen vor sich hat.

Dabei wird allerdings ein Detail geflissentlich übersehen: Nofretete steht auf dem Hermopolis-Block an Bord eines Schiffes. Zwei rare Besonderheiten auf einer Abbildung? Nofretete beim Ermorden von weiblichen Kriegsgefangenen, und das noch dazu auf einem Schiff? Merkwürdig ist das allemal …

Dennoch rücken die Altertumswissenschaftler kaum von ihrer Sicht der Dinge ab. Sie gehen davon aus, dass Echnaton niemals einen Feldzug persönlich leitete. Wie soll da Nofretete Heerführerin gewesen sein?

Der Schluss ist logisch – aber ist die diesbezügliche Untätigkeit Achanjatis gleichbedeutend damit, dass Nofretete tatsächlich keinen Kriegszug anführte? Die Antwort darauf lautet aber ebenso eindeutig Nein. Eines der wichtigsten Zeitdokumente ist in dieser Hinsicht die sogenannte »Siegesstele von Buhen«. Auf ihr wird ein ägyptischer Feldzug aus dem Jahr 12 der Regierung Echnatons geschildert. Unter anderem heißt es dort: »Seine Majestät gab dem Königssohn von Kusch und Vorsteher der südlichen Fremdländer den Befehl, ein Heer aufzustellen, um die Feinde aus dem Fremdland Akujati niederzuwerfen.« Dabei sollte kein Unterschied zwischen Männern und Frauen gemacht werden. Selbstverständlich endete (nach ägyptischer Lesart) die Strafexpedition mit einem vollen Erfolg für Kemets Soldaten. »Der König hat sie niedergestreckt auf Befehl seines Vaters Aton (…).« Zumindest in einem Punkt dürfte sich die Realität aber anders dargestellt haben. Jedenfalls entnehmen die Wissenschaftler dem Text, dass Echnaton selbst bei diesem Waffengang nicht zugegen war, sondern die Ausführung seinem Stellvertreter, dem »Königssohn von Kusch« (der Ausdruck ist hier als Titel zu verstehen), überließ.

Aber die Stele stellt immerhin unter Beweis, dass Echnaton und seine Gemahlin wahrlich keine Pazifisten waren, wie in der Vergangenheit häufig behauptet. Ägyptologe Marc Gabolde geht sehr viel weiter. Er ist der Überzeugung, dass Nofretetes Tochter Meritaton tatsächlich einen großen Feldzug entlang der syrischen Küste anführte. Das mutmaßlich angestrebte Ziel, die Rückeroberung der Stadt Kadesch, wurde aber verfehlt. Allerdings ist diese Sichtweise des emsigen französischen Forschers noch nicht generelles ägyptologisches Gedankengut.

Wie dem auch sei: Unbestritten ist, dass die Region damals (wie übrigens auch heute) einem Pulverfass glich. Die nunmehr gemeinsame Grenze zu Mitanni ließ den Braten für die Hethiter noch wohlschmeckender riechen. Täglich war mit einem Angriff der kampferprobten Einheiten aus dem anatolischen Raum heraus zu rechnen.

Doch offensichtlich setzte Nofretete weiterhin beharrlich auf eine diplomatische Lösung der Konflikte. Diese Politik, das muss man klar herausstellen, scheiterte kläglich. Wie sollte man auch Sympathien gewinnen und Überzeugungskraft ausstrahlen, wenn es einem so erging, wie Ribaddi, dem König von Byblos. Wir haben bereits seine mehrfachen eindringlichen Hilfsersuchen erwähnt. Aber bei Achanjati (und/oder) Nofretete stieß der Provinzfürst stets auf taube Ohren. Ribaddi erhielt weder die erbetene Verstärkung noch Waffenlieferungen. Stattdessen beschwerte sich Echnaton (oder die Königin) nun seinerseits bei Ribaddi, er möge ihn gefälligst nicht mehr so oft behelligen. Das war deutlich! Deutlich waren aber auch die historischen Konsequenzen, die daraus resultierten. Die Hafenstadt Byblos fiel.

Und dann war es endgültig zu spät für militärische Eingriffe. Noch vor Echnatons Ableben fielen die Hethiter raubend, brandschatzend, mordend und vergewaltigend im Mitanni-Reich ein (dazu später mehr). Unruhe machte sich breit im Ägypterland. Man hatte nicht vergessen, dass auch Ägypten einst von unbekannten Invasoren aus dem Nordosten regelrecht überrannt worden war. An der blutigen Befreiung Kemets von den Hyksos, wie sie sich nannten, waren auch noch die ersten Herrscher der 18. Dynastie aktiv beteiligt gewesen. Vor nichts hatten die Nil-Anrainer so viel Angst wie vor einer neuerlichen Unterjochung.

Angesichts dieser Bedrohung hätte man eigentlich annehmen können, dass Atonisten und Amunisten wieder enger zusammenrücken würden. Doch selbst ein Minimalkonsens war kaum zu erreichen, denn just zu dieser Zeit fand der Aton-Glaube seine radikalste Ausprägung. »Das theologische Konzept des Aton dürfte den meisten Ägyptern zu abstrakt gewesen sein. Doch die Macht des Königs zwang sie dazu, den neuen und einzigen Gott zu verehren«, glaubt Habicht den vorliegenden Quellen entnehmen zu können.

Aber der Widerstand verstärkte sich dennoch. Die im Untergrund operierende konservative Gegenbewegung formierte sich und stellte eine eigene, neue Volksgottheit, den »Sched«, gegen Aton. »Sched« bedeutet so viel wie »der Retter«. Der männliche, jugendliche Gott wurde auf Reliefplättchen abgebildet bzw. in Form von kleinen Figürchen verehrt, da diese sich leicht verstecken ließen. Er blieb nicht nur während der Amarna-Periode aktuell. Vielmehr weisen entsprechende Artefakte nach, dass er sich auch die gesamte Ramessidenzeit (Nachfolgeepoche der 18. Dynastie, also die 19., 20. und 21. Dynastie) hindurch im postatonischen Götterreigen halten konnte.

Die erste Mata Hari der Weltgeschichte?

Spionage ist immer ein spannendes Thema. Die Alten Ägypter sahen das wohl ähnlich. Jedenfalls ist häufig von Kundschaftern, Spionen und Agenten die Rede. Doch will man sich informieren, stößt man schnell an Grenzen. Denn es gibt zwar mindestens so viele Bücher über Tutanchamun wie Fundstücke in seinem Grab, aber – zumindest im deutschsprachigen Raum – kein Buch über die »Schlapphüte« des Pharao. Fragt man Ägyptologen, worin die Ursache dafür zu suchen ist, bekommt man gewöhnlich zwei Antworten: »Es gibt viel zu wenig Erkenntnisse über das Thema.« Oder: »Das Thema ist für die Ägyptologie nicht von Interesse.«

Am peinlichsten wird die Sache, wenn man die Zusatzfrage stellt, wo man sich über das Thema schlau machen kann. Meist weiten sich dann unwillkürlich die Augen des Antwortgebers und werden von einem resignierenden Achselzucken begleitet. Es bleibt einem nichts weiter übrig, als auf die (angeblich) ebenfalls spärliche Sekundärliteratur auszuweichen.*

Das ist mehr als nur schade, zeigen die vorhandenen Bücher doch, dass das Interesse an dem Thema eigentlich recht rege ist. Und das aus gutem Grund. Immer deutlicher wird, dass das Ausspähen im Alten Ägypten eine wichtige Funktion erfüllte. Ohne Agenten hätte der Verlauf der altägyptischen Geschichte mit Sicherheit eine andere Wendung genommen,

---

* Z. B.: Janusz Piekalkiewicz: *Weltgeschichte der Spionage – Agenten, Systeme, Aktionen*, München 1988

als es der Fall gewesen ist. Es ist deshalb an der Zeit, schleunigst das Versäumte nachzuholen.
Wie unschwer einzuschätzen ist, dürfte Nofretete über ihren eigenen »Bundesnachrichtendienst« verfügt haben, der wiederum alles daransetzte, sie schnell und authentisch über wichtige Ereignisse sowohl in Kemet als auch in den Nachbarländern auf dem Laufenden zu halten. Und diese Informationen konnten für sie sogar überlebenswichtig werden.
Hinzu kamen die mittlerweile regelmäßig negativen, ja besorgniserregenden Nachrichten von sämtlichen Verbündeten der nördlichen Provinzen. Was hatten die Hethiter, dieses waffenstrotzende Volk, vor? Nofretete kam zu keiner endgültigen Einschätzung. Experte Habicht sieht die ganze Malaise, in der sich Nafteta zu jener Zeit befunden hat: »Es ist nicht zu rekonstruieren, was Königin Nefertiti gegen diese zunehmende Radikalisierung im Inneren wie auch auswärtig unternommen hat.«
Sicher, Kemet verfügte noch immer über ein schlagkräftiges Heer, aber die letzten Friedensjahrzehnte unter Echnaton, seinem Vater Amenophis III. und dessen Vorgänger, Thutmosis IV., mangelte es Jahrgang um Jahrgang mehr an der nötigen Kampferfahrung. Gerade darüber aber verfügten die hethitischen Verbände. Seit Jahrzehnten standen sie bereits unter Waffen und hatten gerade das benachbarte Mitanni – selbst ein nicht zu unterschätzendes »Armeereich« – im ersten Ansturm niedergeworfen.
Wenn gewisse Berichte zutreffen, die in den Medien kursieren, dann hat diese Botschaft Nafteta regelrecht erschüttert. Denn gemäß dieser Kolportagen wird geradezu Ungeheuerliches behauptet: Nefertiti, Königin von Ägypten, habe in Wahrheit als Agentin Mitannis, aus dem sie diesen Berichten nach stammte, fungiert. Sie sei der »Maulwurf« ihres Vaters, König Tuschrattas, in Ägyptens Machtzentrum gewesen.

Von dort aus habe Nofretete, alias Exprinzessin Taduchepa, darauf hingewirkt, das Land am Nil für eine Invasion aus Mitanni »vorzubereiten«. Und dazu hatte sie selbstverständlich die Macht, wie wir wissen. So konnte sie zum Beispiel Truppenverlegungen anordnen oder die Auseinandersetzungen im Zusammenhang mit der Einführung des Aton-Monotheismus schüren, die das Land spalteten und in eine tiefe Krise stürzten.

Wie uns aber bekannt ist, fand Tuschrattas Invasionsversuch nie statt. Weiter der Darstellung der Kolportage folgend, griffen zuvor, für Mitanni vollkommen überraschend, die Hethiter unter ihrem König Schupililiuma an. Die Attacke des Hethiterführers erfolgte keineswegs zufällig zu dem Zeitpunkt, zu dem die Mitanni-Armee in Ägypten einfallen wollte. Der bekannte Sorbonne-Ägyptologe Christian Jacq sagte in Bezug auf Schupililiuma: »Der Hethiterkönig ist mächtig und schlau.« Er habe schon etliche Jahre vor dem Angriff begonnen, »ein Netz von Spionen« aufzubauen. So habe er aus Mitanni erfahren, wann dessen Heer zur Attacke gegen Echnaton vorgehen wollte, und zudem sämtliche notwendigen Informationen erhalten, ob der Sturmlauf unter den in Ägypten zu diesem Zeitpunkt herrschenden Verhältnissen mit hoher Wahrscheinlichkeit von Erfolg gekrönt sein würde.

Nofretete war, sollte man meinen, mutmaßlich nicht schlechter informiert als Schupililiuma. Aber was hätte die Königin konkret tun können, um das Reich ihres Vaters zu schützen? Als Verbündete Mitannis hätte sie Truppen in Bewegung setzen können. Ein Flankenangriff hätte vielleicht noch die Wende herbeiführen können und den Bündnisgenossen vor der Vernichtung bewahrt. Doch dazu hätte man freilich zuerst einmal die syrischen Paktstädte der Hethiter unter die eigene Kontrolle bringen müssen. Das wäre ein zeitaufwendiges Unterfangen gewesen. Außerdem musste die Königin

davon ausgehen, dass Schupililiuma seine besten Verbände den Ägyptern zur Abwehr entgegengeworfen hätte. Ein Entsatz Tuschrattas wäre dann wohl in weite Ferne gerückt.
Der Hauptgegner in diesem blutigen Katz-und-Maus-Spiel aber war der Faktor Zeit. Viele Kasernen standen nicht an den Grenzen, sondern im Landesinneren. Bis die notwendigen Truppen herangeführt worden wären, hätten die hethitischen Streitkräfte im Zusammenspiel mit ihren syrischen Vasallen den Ägyptern bereits eine schwere Niederlage (vielleicht sogar eine vernichtende) beigefügt. Hinzu kam: Nafteta war »gleichberechtigte« Partnerin Echnatons. Sie konnte also seine Ansichten nicht einfach ignorieren.
Doch selbst wenn Echnaton einem Beistand zugestimmt hätte, selbst wenn es gelungen wäre, Mitanni vor der Eroberung durch Schupililiumas Horden zu bewahren, ihr Traum von einem vereinten mitannisch-ägyptischen Reich unter der Herrschaft von Tuschratta wäre so oder so nicht mehr zu realisieren gewesen.

War alles ganz anders?

War Nofretete tatsächlich eine Spitzenagentin der Mitanni? Der Autor ist der festen Überzeugung, dass das oben dargestellte Szenario im Hinblick auf Nofretete jedweder Grundlage entbehrt, denn mit Fakten lässt sich diese Mutmaßung nicht erhärten. Mehr noch: Weite Teile des »altägyptischen Agententhrillers« halten allein schon einer chronologischen Überprüfung nicht stand. So erfolgte die *offene* Auseinandersetzung Ägyptens mit den Hethitern erst nach Echnatons Ableben, das gemäß den ägyptologischen Studien wohl in seinem 17. Regierungsjahr eintrat. Zu diesem Zeitpunkt lag die letzte gesicherte Erwähnung Naftetas bereits mehrere Jahre zurück. Sie datiert in das Jahr 14 Echnatons.

Wir sehen: Die oben »konstruierten« Ereignisse können in der präsentierten Form gar nicht stattgefunden haben. Dass umgekehrt einzelne Teile – isoliert vom Gesamtgeschehen – auf realen Ereignissen fußen, wird dadurch nicht ausgeschlossen. Aber diese durch künstliche Verknüpfung darin gipfeln zu lassen, Nofretete sei »die erste Mata Hari der Weltgeschichte«, erscheint dem Verfasser abwegig.

Hinzu kommt, dass Ägypten und Mitanni einen beidseitigen Beistandspakt abgeschlossen hatten. Für gewöhnlich wird dieser vom militärisch schwächeren der beiden Gesprächspartner in die politischen Verhandlungen eingebracht. So hat es sich mit hoher Wahrscheinlichkeit auch im vorliegenden Fall zugetragen. Das wäre jedenfalls die logische Konsequenz aus der Tatsache, dass Mitanni schon geraume Zeit seine besten Jahre hinter sich gebracht hatte. Das Tuschratta-Reich wäre in der Amarna-Ära nie und nimmer in der Lage gewesen, eine Großoperation gegen Kemet zu führen.

Hingegen passt die für Nafteta doch recht negative Charaktereinschätzung, die sich aus den obigen Schilderungen bzw. Analysen ergibt, in den »Gelehrten-Mainstream« unserer Tage. Von Cyril Aldred bis Nicholas Reeves wird mit der Echnaton-Nofretete-Ära bisweilen doch recht hart ins Gericht gegangen.

Dabei gilt es allerdings zu beachten, dass die heutigen Ägyptologen sich häufig bewusst von den jüdisch-christlich geprägten Ansichten ihrer Zunftvorgänger distanzieren wollen. Denn tatsächlich herrschte im 20. Jahrhundert eine stark überzogene Sympathie für den Aton-Kult vor. So mancher Lehrstuhlinhaber sah in ihm den direkten antiken »Vorläufer-Monotheismus« der biblischen Lehre. Erinnert sei in diesem Kontext noch einmal an die Parallelität von Teilen der Hymnus-Kolumnen mit Versen des 104. Psalms, auf die man sich stets berief, ebenso wie auf die Nennung der Fronstädte Pitom und Ramses im Exodus (2. Mos. 1,8–11).

Mit diesen traditionalistischen Sichtweisen hat die Ägyptologie des 21. Jahrhunderts wenig am Hut. Das neue Amarna-Bild wird geprägt von Kritik schärfster Gangart an den Handlungen der Protagonisten Echnaton und Nofretete. Von daher sind Überschriften wie »War Nofretete eine Spionin?« oder »Landesverrat am Nil« längst keine Überraschung mehr.
Es ist wie so häufig in der freien Forschung und Lehre: Einige sogenannte Kapazitäten, Koryphäen und Experten auf ihrem Gebiet geben den Takt vor. Wer ihn nicht mitspielt, hat schon verloren.
Das trifft freilich nicht nur auf Personen, sondern nicht minder auf Fundstücke zu. Erinnert sei an den bereits besprochenen (angeblich) nicht existenten Papyrus des Tutanchamun. Anstatt eine neutrale Gegenüberstellung der Pro- und Kontraquellen vorzunehmen und diese anschließend objektiv zu analysieren, wird häufig nicht auf die jeweiligen Aussagen eingegangen. Mehr noch: In den meisten Publikationen wird das Thema glattweg unterschlagen. Das ist der Ägyptologie – man muss es so hart ausdrücken – unwürdig.

Der Sohn der Nofretete

Um die schwierigen Zusammenhänge in der Außen- wie in der Innenpolitik Amarnas deutlich zu machen, war es notwendig, die bisher zum besseren Verständnis streng chronologisch geschilderte Abfolge der Ereignisse für einige Kapitel zu verlassen. Ebenso gilt es aber nun, diesen Faden wieder aufzunehmen, denn wir schreiben das Jahr 12 der Regierungsperiode Echnatons und es ist an der Zeit, dem gesamten ägyptischen Volk Freudiges kundzutun. Königin Nafteta hatte völlig überraschend ein siebtes Kind zur Welt gebracht – und diesmal war es der lange herbeigesehnte Sohn, den sie in den Armen halten durfte! Er erhielt den Namen Tut-anch-Aton. Die Übersetzung bringt den ganzen Stolz der Eltern auf den Sprössling zum Ausdruck – »Lebendes Abbild des Aton«. Die Information verblüfft wahrlich, weil in den vergangenen rund 90 Jahren Nefertiti äußerst selten als Mutter Tutanchatons mit ins Kalkül gezogen wurde. Der Grund ist einleuchtend – es existiert faktisch keinerlei Abbildung des Thronfolgers gemeinsam mit seiner »Mutter«, während allein die Darstellungen, auf denen Nafteta mit ihren sechs Töchtern spielt, ein ganzes Museum füllen könnten. Auch der Vater der männlichen Nachwuchshoffnung bleibt völlig im Nebel verborgen. Überhaupt mangelt es auffallend an Material für definitive Nachweise von familiären Verbindungen zu Tutanchamun.

Einzig Anchesenpaaton (seine spätere Gemahlin Anchesenamun) und seine Amme Maya sind gut dokumentiert. Mayas

29 Die legendäre Goldmaske des Tutanchamun. Ursprünglich, so suggerieren neueste ägyptologische Schlussfolgerungen, hat man sie jedoch für dessen mutmaßliche Mutter Nofretete in Auftrag gegeben.

Grab öffnete der französische Ägyptologe Alain Zivie fast auf den Tag genau 75 Jahre nach der Auffindung der Tutanchamun-Gruft (im Jahr 1922) auf dem Gräberfeld von Sakkara, unweit der drei großen Giseh-Pyramiden. Gleichwohl erfüllten sich die an die wissenschaftliche Auswertung geknüpften Hoffnungen leider nicht annähernd. Weder sind an den Wänden noch sonst irgendwo im Grab Abbildungen bzw. hieroglyphische Texte mit den Namen von Tuts Eltern lokalisierbar. Die Amme Maya schützt auch noch im Tod das Geheimnis von Tutanchatons Elternschaft – warum?

War Tutanchaton tatsächlich Nofretetes Sohn?

»Heute ist dank der DNA-Analyse praktisch sicher, dass Nefertiti in späteren Jahren noch einen Sohn mit Echnaton hatte«, ist Michael Habichts Ansicht. Er merkt ergänzend an:

»Er erhielt den Namen Tutanchaton.« So überzeugt Ägyptologe Habicht auch sein mag, letzte Rest- und Selbstzweifel kann er nicht vertreiben. Aber immerhin orientiert er sich an der Faktenlage. Gerade sie gleicht einer unüberwindbaren Barriere. Es handelt sich nämlich um Tutanchatons Grab KV 62 im Tal der Könige – samt Inventar.

Es ist zwischenzeitlich zu einem offenen Geheimnis geworden: Das legendäre Grab KV 62 war nicht nur die letzte Ruhestätte des späteren Thronerben Tutanchaton, der nach einer rund zehnjährigen Regierungszeit verstarb. Zusätzlich war das Grab, wie es ein Kollege der schreibenden Zunft salopp ausdrückte, eine »Rumpelkammer der späten 18. Dynastie«. Diese Bezeichnung entspricht genau den Tatsachen, denn wer annimmt, die einzelnen Fundstücke seien allein dem Fundus von Tutanchaton entnommen, sieht sich alsbald arg getäuscht, denn von einer für den Pharao angefertigten Grabausstattung kann nicht im Entferntesten die Rede sein. Das Grab ist vielmehr ein einziges Sammelsurium, darunter einige der wertvollsten Jenseitsbeigaben aus der Ausstattung der Königin – Nofretete.

Um eine ungefähre Vorstellung vom Umfang der ursprünglich für die Bestattung der »Großen königlichen Gemahlin« angefertigten Objekte zu erhalten, die letztlich aber für die Bestattung ihres angeblichen Sohnes verwendet wurden, hier eine kurze, exemplarische Aufstellung:

Tabelle 4

Fundort	Fundnummer*	Fundobjekt
Sargkammer	240	Sarkophag
Mumie	256 a	Goldmaske
Schatzkammer	266 c, d, e, f	4 Kanopenstöpsel
Schatzkammer	289 b	Königsplastik

30 Nachbildungen von Statuetten aus dem Grab von Tutanchamun. Nach ägyptischer Lesart zeigen sie den »Goldenen Pharao«. Doch bei genauerer Betrachtung wird deutlich, dass etliche Standbilder weibliche Merkmale und feminine Gesichtszüge aufweisen.

Das sind wahrlich keine Peanuts! Weshalb hat man Nofretete diese Gegenstände um 1340 v. Chr. nicht mit in ihr *eigenes* Grab gegeben? Es gibt folgende Varianten, die alle schlüssig zu sein scheinen:

1. Sie besaß (aus welchen Gründen auch immer) kein Grab mehr. Vielleicht hatte sich ja der Volkszorn über sie ergossen.
2. Diese Teile der Ausrüstung mussten dringend für einen aktuellen prominenten Todesfall bereitgestellt werden. Denkbar wäre Echnaton.
3. Die Objekte wurden aus unerfindlichen Gründen für die Bestattung Nofretetes nicht mehr benötigt.

---

* Die Fundnummern entsprechen der Katalogisierung des Entdeckers Howard Carter.

31 Tutanchamun? Der Autor ist nicht dieser Meinung. Er schließt sich vielmehr der Auffassung einiger Experten an, die in den Gesichtszügen Königin Nofretete zu erkennen glauben.

Und was ist mit Achanjati? Ist er tatsächlich der Vater »seines« Sohnes? Es gilt, sich in Geduld zu üben. Zeitnah mit dem Erscheinen des vorliegenden Buches, so war zumindest mit Stand 1. April 2012 beabsichtigt, sollen weitere Details der DNA-Mumien-Untersuchungen veröffentlicht werden. Warten wir es ab und wenden uns wieder dem weiteren Geschehen vor über 3000 Jahren zu. Wobei wir nahtlos an den Paukenschlag, die Geburt des designierten Nachfolgers, anknüpfen können, denn das 12. Regierungsjahr hielt noch einen weiteren Höhepunkt für das Königshaus parat.

Dame, König und Spion – Nofretetes erfolgreichster Coup

Fraglos der wichtigste Termin in diesem Jahr war die Ankunft der Tribute aus den von den Thutmosiden eroberten Stadtstaaten, Provinzen und »unabhängigen« Staaten. Zu ihnen zählten auch die östlichen mediterranen Inseln, die traditionell beste ökonomische Kontakte zum Nilstaat pflegten. Es muss ein farbenprächtiges, fröhliches Spektakel gewesen sein, das alle Beteiligten und die ägyptischen Zuseher tief beeindruckte.

Dabei war der Modus des Ablaufs für alle Gesandten und die Mitglieder der Königsfamilie gleich. Zuerst erschienen unter aufwendigem Pomp der Pharao und die »Große königliche Gemahlin«, Nefertiti, »auf dem großen Tragstuhl aus Elektron«. Sie nahmen Platz unter einem Baldachin in einem Pavillon des großen Aton-Tempels. Hinter dem Herrscherpaar gruppierten sich jeweils drei der Prinzessinnen. Es war das letzte Mal, dass die gesamte Herrscherfamilie komplett auftrat. Freilich konnte das zu diesem Zeitpunkt (man schrieb das Jahr 12, Monat 2, Tag 8 der Regierungszeit Echnatons) noch niemand ahnen.

Was jetzt folgte, war der Aufmarsch der jeweiligen Repräsentanten ihrer Heimat. Hohe Beamte, vermutlich die Haushofmeister der Exkönigin Teje (Huya) und Nofretete (Merire, der *nicht* mit dem atonischen Hohepriester identisch ist), verkündeten den Namen des Anführers der Abordnung, das Land, das die Gruppe vertrat, und dann die Liste der Tribute, die in huldvoller Demutshaltung Echnaton als Geschenke übergeben werden sollten. Die Reihe der tributpflichtigen Länder war trotz aller Querelen und Abtrünnigen noch immer beeindruckend lang. Syrische Gebiete gehörten ebenso dazu wie das Reich Kusch im Norden des Sudan.

Erst seit 2010 wissen wir, dass auch Jerusalem mit hoher Wahrscheinlichkeit Abgeordnete zu dieser Veranstaltung entsandt hat. In jenem Sommer wurde jedenfalls verbreitet, dass in Jerusalem ein aufsehenerregender Fund gemacht worden sei. Die Medien übertrieben nicht. Wie sich herausstellte, handelte es sich um ein lediglich zwei Zentimeter breites und drei Zentimeter hohes Tontafel-Scherbenstück. Untersuchungen haben Experten dazu veranlasst, das in akkadischen Schriftzeichen gravierte Artefakt auf ein Alter von etwa 3400 Jahren einzuordnen. Damit ist die Scherbe wohl der älteste Informationsträger, der bis heute jemals in Jerusalem aufgefunden wurde. Zu entziffern waren lediglich drei Wörter: »sie«, »später« und »ihnen«. Summa summarum halten es die Archäologen für den Teil einer wenig aufschlussreichen Korrespondenz zwischen Achanjati und Abdi-Heba. Letzterer war ungefähr zu dieser Zeit König der berühmten Stadt.

Mit oder ohne Jerusalemer Abordnung: Die Festivität erreichte nach der Verlesung der Namen ihren Glanzpunkt. Nacheinander paradierten die Delegierten prozessionsähnlich an der königlichen Familie vorbei. Hinter ihnen führten oder trugen Diener die nicht enden wollenden Tribute langsam vorbei. Zu den Kostbarkeiten gehörten wertvolle Gewänder, Felle und Tücher, in der flimmernden Hitze dürstende Tiere, die Prunkwagen zogen. Ihnen folgten laszive Frauen, die einer ungewissen Zukunft befremdet entgegensahen. Dann kam der Höhepunkt jeder Delegation: das Auftragen von Edelmetallen und Schmuck. Man kann sich unschwer vorstellen, dass dieser Teil jeweils Nofretetes besondere Aufmerksamkeit erregte. Der Ablauf der Veranstaltung scheint wirklich die vollste Zufriedenheit der beiden Regenten gefunden zu haben und die beiden fleißigen Haushofmeister Merire und Huya konnten sich zumindest einer Belobigung aus dem Munde ihrer Herrschaften sicher sein.

Die Abordnungen wurden anschließend bestens verköstigt und untergebracht. Selbstredend sorgten die Ägypter auch für eine fröhliche, ausgelassene Unterhaltung ihrer Gäste und

Amüsements wie beispielsweise Zaubervorführungen. Auch gewährten die Herrscher den Abordnungen Audienzen, um mehr über die Vorgänge in den weit entfernten Provinzen und Städten zu erfahren.

Zu keinem anderen Zeitpunkt kamen die Repräsentanten so vieler Länder zusammen wie hier. Es war deshalb auch die Stunde der Spitzelanwerbung. Wo immer es Erfolg versprechend erschien, versuchten Agenten Kontakte zu knüpfen, um auch künftig umfassend über die Zustände in den Vasallengebieten unterrichtet zu sein. Darüber hinaus brachte man geschickt auch die Rede auf die Feinde Kemets, um so eventuell nützliche Neuigkeiten aus diesen Regionen zu erhalten.

Nofretete verfolgte aber noch ein zweites Ziel: Die Abgesandten sollten Ägypten nicht allein über seine Kontrahenten unterrichten, sondern später mittels Mundpropaganda auch die feindlich gesinnten Reiche über Ägyptens Stärke. Absicht war es, quasi in einer flächendeckenden Camouflageaktion den Eindruck zu vermitteln, das Reich sei noch so mächtig wie in den Tagen der großen Thutmosiden, der unmittelbaren Vorgänger Achanjatis. Nofretete hoffte dadurch, Zeit zu gewinnen für Lösungen zur Konfliktabwehr. Das Fest der Tributübergabe hatte also auch deutliche politische Intentionen.

Die Spaltung

Der alte, treue Huya, Haushofmeister der Teje, kam in diesen Monaten aus dem Organisieren von gesellschaftlichen Veranstaltungen gar nicht mehr heraus. Mindestens dieselbe Bedeutung wie die Tributfeierlichkeiten hatte im Jahr 12 oder 13 für ihn die Vorbereitung eines Staatsbanketts zu Ehren seiner Herrin, der Mutter Achanjatis. Gemäß der entsprechenden Szene in Huyas Gruft sind nur Angehörige des Königshauses daran beteiligt. Doch die Realität muss dem nicht entsprochen haben. Das Wandbild leidet nämlich unter erkennbarem Platzmangel. Aber ob so oder so: Teje wird die Feierlichkeiten und die unbeschwerten Tage noch einmal richtig genossen und ausgekostet haben.

Sie residierte zu diesem Zweck selbstverständlich in Achetaton, das ihr zur zweiten Heimat geworden war. Die Informationen, die ihr von Huya (und zahlreichen anderen »Maulwürfen«) zugetragen wurden, waren freilich nicht gerade dazu angetan, optimistisch in die Zukunft zu blicken. Teje stellte sich folgendes Bild dar: Nach Lage der Dinge hatte Aton zu diesem Zeitpunkt den Zenit seiner Wirkung auf Kemets Söhne und Töchter bereits weit überschritten. Aber das wussten bestenfalls die aufmerksamen Beobachter, sprich die »Leisetreter«, die sich im »Haifischbecken Hofstaat« bereits überlegten, ob man es sich überhaupt noch leisten konnte, die Herrscherfamilie loyal zu unterstützen und ihren Anweisungen strikt Folge zu leisten. Der Hof begann, sich regelrecht zu spalten! Nein, nicht in zwei, sondern sogar in drei Lager: Da war selbstverständlich die Gruppe der heimlichen Amun-Anhängerschaft. Blanker Opportunismus hatte sie einst nach Achetaton geführt. Mit Aton freilich hatten sie sich in Wahrheit nie identifiziert. Ihre Zahl wuchs ständig.

Die zweite Gemeinschaft umfasste die überzeugte Anhängerschaft Atons, die sich klar zum Monotheismus bekannte. Allerdings teilten sich diese Aktivisten in zwei Lager: die Gefolgschaft der Königin, die dem gemäßigten Kurs Nofretetes anhing. Auf der anderen Seite aber standen die Radikalreformer, die eher mit dem rigorosen und unnachgiebigen theologischen Kurs des amtierenden Pharao liebäugelten.

Wie nun sollte sich Teje verhalten? Ihr Einfluss war zweifellos noch immer groß, ihre Macht allerdings äußerst begrenzt. Die Exkönigin muss es gespürt haben: Atons Tage waren gezählt, ihr Sohn nicht in der Lage, das Staatsschiff länger zu lenken.

Es hat den Anschein, als hätte Nofretete die Ansichten ihrer Schwiegermutter geteilt. Doch während bei Teje ihre »besten Jahre« der Vergangenheit angehörten, hatte Nofretete noch ausreichend Energie, um dem drohenden Unheil entgegenzuwirken.

Ob sich Nafteta im Alleingang darum bemühte oder noch (wieder) im Schulterschluss mit ihrem Gemahl, ist uns nicht bekannt. In jedem Fall begann sie verborgen vor der Öffentlichkeit des Hofstaats eine neue Führungsriege um sich zu scharen. Dabei war die wichtigste Voraussetzung absolute Loyalität ihrer Person gegenüber. Zu der umgebildeten Mannschaft gehörten u. a. die fähigen Generäle Maja, Ramses und Paatonemhab. Letzterer änderte mutmaßlich unter der Ägide Tutanchatons seinen Namen in Horemhab. Dieser jedenfalls fand als letzter Herrscher der 18. Dynastie Eingang in die Geschichtsbücher. Ungeklärt ist ebenfalls der Lebensweg des General Ramses. Sollte sich dieser als identisch erweisen mit Pharao Ramses I., wäre er der Begründer der 19. Dynastie, deren erfolgreichster Spross der berühmte Ramses II. (auch »der Große« genannt) wurde. Falls ja, war die Zusammenstellung der neuen Riege unter Nofretete ungefähr der Zeitpunkt, an dem sein märchenhafter Aufstieg begann, der erst mit der Übernahme von Krummstab und Geißel, den Machtinsignien der jeweiligen Throninhaber, endete.

Interessant wäre es natürlich zu erfahren, ob auch der Bildhauer Thutmosis diesem konspirativen Kreis angehörte. Seine schnelle Flucht aus Achetaton, die durch die Zurücklassung seiner Werkstücke (darunter die »Berliner Büste«) belegt ist, scheint dies zu bestätigen. Aber mehr als ein vages Indiz würde der Verfasser darin nicht sehen wollen.

Noch während Nofretete Getreue um sich versammelte, trat ein Ereignis ein, mit dem niemand hatte rechnen können und das alle bis dahin geschmiedeten Pläne über den Haufen warf.

Amuns Rache

Betrachtet man das im vorigen Kapitel beschriebene Jahr 12 der Regierungszeit Echnatons, so könnte man annehmen, die Welt am Nil und insbesondere in Tell el-Amarna wäre intakt gewesen. Dem war nicht so. Besonders in ökonomischer Hinsicht zeichnete sich eine stetig zunehmende Mangelwirtschaft ab – mit katastrophalen Auswirkungen. Die Bevölkerung begann zu darben, weil die Erträge der traditionellen Tempel fehlten. Sie waren ja auf Befehl Echnatons geschlossen worden. Der Austausch Arbeit gegen Sachleistungen und Nahrung – das Prinzip von Ägyptens Wirtschaft schlechthin – war dramatisch zurückgegangen. Diebstähle, Einbrüche und Überfälle, kurz: die gesamte erschreckende Palette an Kriminalitätsdelikten war dagegen dramatisch gestiegen.

Konsequenzen konnten nicht ausbleiben. Immer mehr Ägypter kehrten Echnatons »Neuer Lehre« den Rücken zu. Fast ausschließlich der im Wohlstand lebende Teil der Bevölkerung bekannte sich zum Aton-Kult.

Es ist durchaus zu hinterfragen, ob Nofretete selbst noch zu diesen Gefolgsleuten zählte. Von den sie umgebenden Personen war vielleicht Teje die Einzige, die man eventuell als »bekennende Atonistin« bezeichnen könnte. Eje und mit ihm die oberste Generalität, das würde die Zukunft beweisen, wandten sich bei erstbester Gelegenheit von dem unheiligen, unglückbringenden Götzenglauben ab. Sie alle fürchteten sich vor Amuns Zorn.

In der Tat nahm Amun Rache für die erlittene Schmach. Er

allein war der Reichsgott, dem das Volk aus ehrlicher innerer Überzeugung zujubelte, dem es vertraute und folgte. Er zeigte seine uneingeschränkte Macht, die alsbald die Königsfamilie mit voller Wucht treffen sollte. Es dauerte mutmaßlich höchstens ein gutes halbes Jahr, bis dem Pharaonenclan nach den Tributfeiern der erste Schlag versetzt wurde. Dabei wissen wir nicht, ob es sich um ein natürliches Ereignis handelte oder ob hier aus den Reihen der Opposition ein Anschlag verübt worden ist. Jedenfalls verstarb bereits im Jahr 13, spätestens aber im folgenden Jahr, die zweitgeborene Tochter Echnatons und Nofretetes, Prinzessin Maketaton. »Die Amarna-Briefe«, schreibt Joyce Tyldesley zu diesem Trauerfall, »bestätigen, dass Maketaton zu einer Zeit starb, als im Nahen Osten die Pest wütete. Möglicherweise wurde im Zusammenhang mit dem internationalen Fest im Jahr 12 die Pest nach Amarna eingeschleppt und bedrohte das sichere Leben dort.«
Bestattet wurde Maketaton im königlichen Felsengrab der Hauptstadt, das noch in der Entstehung begriffen war. Immerhin waren wenigstens die Hauptgänge, die große Grabkammer und zwei Nebenkammern angelegt.* »Maketaton wurde im Grab ihrers Vaters beigesetzt (…)«, fährt die Nofretete-Biografin fort. In verschiedenen Zeichnungen von einfachster Ausführung sind an den Wänden Nafteta und Achanjati in bewegenden und ergreifenden Bildern bei der gemeinsamen Trauer vor dem Totenbett der verschiedenen Tochter zu sehen. In gebückter Haltung, mit der Hand vor dem Gesicht, beweinen sie gemeinsam das verstorbene Kind.
Das Jahr 14 sollte sich zum regelrechten Horrorjahr für das Herrscherhaus entwickeln. Denn Maketaton, die durchaus Chancen gehabt hätte, eines Tages vielleicht selbst nach ihrer Mutter die Regentschaft zu übernehmen, blieb nicht das einzige Opfer, das in jenem unheilvollen Zeitabschnitt zu

* Eine davon, so ließ sich nachweisen, war für Königin Nefertiti bestimmt.

beklagen sein sollte. Höchstwahrscheinlich unmittelbar nach Maketaton starben ihre jüngsten drei Schwestern in der chronologischen Hierarchie: Neferneferuaton tasherit (= Neferneferu, »die Jüngere«), Neferneferure und das Nesthäkchen Setepenre. Einige Indizien lassen sogar die Möglichkeit offen, dass Neferneferuaton und Setepenre vor Maketaton ins Jenseits eingingen. Damit waren binnen kürzester Frist jedenfalls vier der sechs Töchter Echnatons und Nefertitis von der Bildfläche verschwunden.

Aber kam es überhaupt zu einem Aderlass? Die Prinzessinnen werden zwar in der Historie nicht mehr erwähnt, aber nirgendwo ist belegt, dass sie samt und sonders in das Reich des Osiris eingegangen wären. Welches Schicksal ereilte also die Kinder?

Die rätselhaften Schicksalswege der »Amarna-Frauen«

Unternehmen wir eine kurze Spurensuche, denn an deren Ende werden wir auf einige kleine Überraschungen stoßen. Und eine davon könnte sogar auf einen vollkommen neuen Abschnitt im Leben Nofretetes hindeuten. Befassen wir uns zunächst mit der Zweitgeborenen, Prinzessin Maketaton. Ihr Tod ist gesichertes archäologisches Wissensgut. Ihre letzten Tage datieren auf die zweite Hälfte von Echnatons Jahr 13 oder auf den Beginn seines Regentschaftsjahres 14.

Über die Todesursache liegen uns keinerlei Berichte vor. Dass Maketaton an der Pest erkrankte, ist allenfalls eine Annahme. Gemäß den Entdeckungen in Tell el-Amarna bestatteten ihre Eltern sie in der Königsgruft, die Echnaton zu diesem Zeitpunkt bereits in die dortigen Felsentürme hämmern ließ. Aber blieb sie dort oder bekam sie eine neue Ruhestätte? Letzteres ist jedenfalls als äußerst wahrscheinlich anzusehen,

denn nach der Aufgabe der atonistischen Metropole wären Grabräuber andernfalls im Eiltempo über den Friedhof in plünderischer Absicht hergefallen.
Dem Anschein nach erfolgte also eine Umbettung Maketatons in das damals schon legendäre Tal der Könige oder vielleicht in dessen nähere Umgebung. Aber weder kennen wir ihr Grab noch den Verbleib ihrer Mumie.
Gleiches müssen wir zu unserem Bedauern auch im Hinblick auf die Erstgeborene Meritaton konstatieren. Es gibt nämlich Indizien dafür, dass sie einerseits tatsächlich Herrscherin über ganz Ägypten gewesen ist, andererseits aber diese Machtfülle nicht lange halten konnte. Joyce Tyldesley bringt den wissenschaftlichen Kenntnisstand auf den Punkt: »Jetzt verschwand auch Meritaton; ihr Leichnam wurde nie gefunden, und wir wissen weder, wann sie starb, noch wo sie bestattet wurde.« Allerdings: Spurlos trat Meritaton indes nicht von der Geschichtsbühne ab. Eine speziell für ihren persönlichen Bedarf angefertigte, sogar nachweislich genutzte Schreibpalette, ging auf unbekanntem Weg in den Besitz Tutanchamuns über, in dessen Mausoleum sie zum Vorschein kam.
Über die vierte im Bunde der Schwestern, Neferneferuaton tasherit, lässt sich eigentlich noch weniger zu Protokoll geben. Wir wissen nichts über ihren weiteren Werdegang. Sie ist einfach in den Texten und kulturellen Bildern absent.
Anders verhält es sich da im Falle der »Nummer 5« der Geburtenreihenfolge. Von Neferneferure fand sich nämlich ebenfalls ein Objekt in KV 62, Tutanchamuns letzter Ruhestätte. Der Fund ist mysteriös, handelt es sich dabei doch um den Deckel eines Kastens, der angeblich in der Grab-Vorkammer zum Vorschein kam. Trotz genauer Studien konnte aber kein dazupassendes Kästchen identifiziert werden.
Ein zweites archäologisches Stück, weit weniger attraktiv, für die Wissenschaften aber vielleicht eines Tages regelrecht Gold wert, wurde in Achetatons Hauptstadt von der Forschung

freigelegt. Dabei handelt es sich um einen unscheinbaren Amphorenhenkel. Nach Ansicht von Joyce Tyldesley besitzen wir mit ihm »einen interessanten Hinweis auf Neferneferures letzte Ruhestätte«. Der Henkel trägt nämlich einen kleinen Stempel. »Ankleidezimmer von Neferneferure« ist darauf zu entziffern.

Das Besondere an dem Fund ist freilich die Örtlichkeit, an der der Henkel zum Vorschein kam. Er lag in einem unscheinbaren Schutthaufen – direkt außerhalb einer unvollendeten Gruft nahe dem Echnaton-Grab. Sollen wir in dieser Mini-Syringe das unvollendete Grab der Neferneferure sehen? Der Spekulation sind Tür und Tor geöffnet. Vielleicht stellt sich ja überraschend heraus, dass in Achetaton einige bedeutende Gräber noch gar nicht entdeckt wurden.

Von Setepenre, der jüngsten der sechs Töchter, wissen wir fast nichts. Sie mag bestenfalls das zweite Lebensjahr erreicht haben.

Zweifellos könnte die Pest ein Faktor sein, der den Todesreigen verursacht hat. Aber ehrlich gesagt, ist der Verfasser nur schwer für diese Variante des Ablebens der Kinder einzunehmen.

Der Blutzoll ging nämlich unvermindert weiter, und zwar nach demselben Schema. Irgendwann in diesen Jahren, der genaue Zeitpunkt liegt noch unter der ägyptischen Sanddecke verborgen, segnete auch die Rivalin Kija (und wahrscheinlich auch deren Tochter) das Zeitliche. Man liegt wohl kaum falsch, wenn man die Meinung vertritt, dass sich die Trauer Naftetas darüber in engen Grenzen hielt.

Ausrottung einer Pharaonendynastie

Man mag nach einem Abgleich der Verstorbenen mit deren Geschlecht und mutmaßlichem Todesjahr auf den ersten

Blick nichts Auffälliges feststellen. Dennoch ist eine Art »Gesetzmäßigkeit« vorhanden: Fast ausnahmslos sind offenbar die jüngsten und gebärfähigen »Amarna-Frauen« zuerst von der historischen Bühne verschwunden (s. Tabelle 5). »Methusalem« Eje (s. Tabelle 6) – wie auch seine Gemahlin Tia II. (!) (s. Tabelle 7) – erfreute sich dagegen anscheinend weiterhin gleichbleibend guter Gesundheit. Dabei kann niemand mit Gewissheit sagen, ob die Reihung, genau so wie hier dargestellt wird, bis ins Detail den tatsächlichen historischen Abläufen und Gegebenheiten entspricht.

Tabelle 5

Name	Status	vermutliches Todesjahr	Geschlecht
Maketaton	2. Tochter von Nofretete und Echnaton	ca. Jahr 13 der Regierung Echnatons und Nofretetes	weiblich
Neferneferuaton tasherit	Tochter oder Enkelin von Nofretete und Achanjati	ca. Jahr 13 oder 14 von Pharao Echnaton	weiblich
Setepenre	6. Amarna-Prinzessin	ca. Jahr 13	weiblich
Neferneferure	gleichfalls Tochter von Echnaton und Nefertiti	ca. Jahr 13 oder 14	weiblich
Baketaton	Enkelin von Teje (?)	ca. 14. bis 15. Jahr	weiblich
Teje	Exkönigin	ca. Jahr 15	weiblich
Kija	Geliebte und vermutlich Nebengemahlin von Echnaton	ca. Jahr 15	weiblich

Tabelle 6

Name	Status	Rang	Geschlecht
Tutanchaton	Thronfolger	wird Pharao von Ägypten	männlich
Eje	höchster Beamter und General	Nachfolger von Tutanchamun	männlich
Horemhab (alias Paatonemhab?)	General	Pharao nach Eje	männlich
Ramses	General	König von Ägypten, folgt auf Horemhab	männlich

Zumindest in einem Punkt ist dies nach Lage der Dinge tatsächlich *nicht* der Fall, denn zumindest eine der Amarna-Prinzessinnen scheint der epidemischen Plage entronnen zu sein – oder auch den mordenden Häschern aus ihrem Heimatland, das sie dennoch anscheinend niemals wiedergesehen hat. Dies besagen jedenfalls bereits jahrzehntealte Erkenntnisse der Ägyptologie. So wandelt sich die Aton-Episode an ihrem bevorstehenden Ende noch in einen dramatischen Politthriller aus der Zeit des Altertums.

»Der Schakal« von Achetaton

Am Ende des letzten Kapitels haben wir gesehen, dass die königliche Familie in den letzten Regierungsjahren der Ägide Echnatons einem nie gekannten Aderlass ausgesetzt war. Die Todesliste zeigt folgendes Bild:

Tabelle 7

weibliche Personen	überlebte die Amarna-Zeit	starb vor Amarnas Ende	Status
Maketaton		•	Amarna-Prinzessin
Meritaton	• (?)	• (?)	Amarna-Prinzessin
Anchesenpaaton (später: Anchesenamun)	•		Amarna-Prinzessin und »Große königliche Gemahlin« von Tutanchaton und Eje
Neferneferuaton tasherit		•	Amarna-Prinzessin
Neferneferure		•	Amarna-Prinzessin
Setepenre		•	Amarna-Prinzessin
Tia II.	•		»Große königliche Gemahlin« von Eje

weibliche Personen	überlebte die Amarna-Zeit	starb vor Amarnas Ende	Status
Mutnedjemet	•		»Große königliche Gemahlin« von Horemhab
männliche Personen			
Tutanchaton	•		Pharao
Eje	•		Pharao
Horemhab	•		Pharao

Tabelle 7 macht deutlich: Die Mehrzahl der Amarna-Prinzessinnen – nämlich zwei Drittel – starb vor dem Ende der Amarna-Ära. Dagegen überlebten die männlichen Thronaspiranten vollzählig und unversehrt die wirren Zeiten von Atons Untergang. Diese Gruppe erhielt sogar noch Zuwachs seitens des Generals Horemhab. Seine Anwartschaft auf die Machtinsignien Kemets soll er aus seiner Verbindung mit einer Schwester Nofretetes hergeleitet haben. In den Quellen wird sie Mutnedjemet oder Mutbeneret genannt.

Das Merkwürdigste von allem aber ist, dass es sich bei den »Großen königlichen Gemahlinnen« verhält wie bei ihren Göttergatten, den Pharaonen. Sie überlebten samt und sonders die unheilvolle Epoche des Aton. Mehr noch: Jede dieser Frauen erreichte das angestrebte Ziel, Königin von Kemet zu werden. Ziehen wir eine Zwischenbilanz:

- Binnen kürzester Frist sterben rund 70 Prozent der Amarna-Prinzessinnen und weitere Damen des Königshauses. Die Ursache soll eine im Nahen Osten grassierende Pest gewesen sein, so Joyce Tyldesley.
- Die Reihenfolge des Todeszeitpunktes folgt, gemäß der Statistik, unter eventuellen geringfügigen Abweichungen

der Gesetzmäßigkeit: zuerst die jüngsten Kinder und die gebärfähigen Töchter.

- Anschließend gilt: Tod der ältesten noch lebenden weiblichen Angehörigen der Königslinie.
- Im krassen Gegensatz zu den verblichenen »Amarna-Frauen« haben sämtliche Anwärterinnen auf die Königinnenkrone tatsächlich auch den Titel einer »Großen königlichen Gemahlin« erreicht: Anchesenpaaton, Tia II. und Mutnedjemet.
- Außer von Teje kennen wir von keiner der Amarna-Frauen zweifelsfrei ihre Mumie oder ihr Grab.
- Mit dem Tod des »Ketzers« Echnaton setzt sofort die Besetzung des Pharaonenthrones mit den mehr oder minder berechtigten Personen in der Reihenfolge ihres Anspruchs ein. Somit ergibt sich die Reihung Tutanchaton–Eje–Paatonemhab.

Zwei der drei Könige ändern nach Echnatons fehlgeschlagenem Monotheismus-Versuch alsbald ihre Namen: Tutanchaton nennt sich Tutanchamun und General Paatonemhab ändert seinen Namen höchstwahrscheinlich in Horemhab ab. Ein eindeutiges Zeichen, dass die alten Götter – allen voran der Reichsgott Amun – wieder vollständig rehabilitiert und installiert, ihre Tempel feierlich wieder geöffnet wurden.

Der Verfasser konnte bisher keinerlei Diskussion dieser Faktenlage im letzten Abschnitt der Amarna-Periode finden. Wir stehen, wie so häufig, wieder einmal vor der Situation, dass in der Ägyptologie rätselhafte oder nicht einzuordnende Begebenheiten rigoros ignoriert werden. Jeder schafft sich die Ägyptologie, die er will. Lieber werden an die mittlerweile ca. 40 Theorien (man muss sich das einmal vor Augen halten!) allein zu der Frage »Wem gehört der Sarg aus KV 55?« aufgestellt und publiziert.

32 Dieser Thron (Ausschnitt) dürfte eigentlich gar nicht existieren. Er stammt aus dem Grab Tutanchamuns, doch die Rückenlehne offenbart ein Geheimnis: Der König regierte Kemet unter dem Symbol des Aton …

Das Märchen jedenfalls von der jahrelangen Pestepidemie, die gezielt Interessensgruppen dahinrafft, andere Verbindungen dagegen komplett verschont, kann glauben, wer will. Mit Wissenschaft hat das alles nichts, aber auch rein gar nichts mehr zu tun. Dagegen hilft nur mehr ein Mittel: Selbstkritik. Die ist im Zusammenhang mit den oben ermittelten und dokumentierten Begebenheiten auch dringend notwendig, denn ganz so wie dargelegt kann es sich in Teilabschnitten nicht zugetragen haben. Jedenfalls muss mindestens eine der Prinzessinnen dieser ehrenwerten Hofgesellschaft (sprich: des »Haifischbeckens«) noch für einen längeren Zeitraum bei guter Gesundheit gewesen sein.

Das ergibt sich jedenfalls aus den Ausführungen der bekannten französischen Ägyptologin Christiane Desroches-Noblecourt in ihrem Buch *Leben und Tod eines Pharao – Tut-ench-Amun*. Sie schrieb: »Was weiß man von den anderen Töchtern des Ketzerpaares? Eine von ihnen soll, wie es ein Bruchstück einer Vase aus Ras-Schamra zu beweisen scheint, Niqmat, den König von Ugarit, geheiratet haben.« Als Beleg für ihre Behauptung präsentiert Desroches-Noblecourt ein Schwarz-Weiß-Foto einer bruchstückhaft erhaltenen sogenannten Hochzeitsvase, die in besagtem Ras-Schamra gefunden wurde. Dem Bildtext ist die Zusatzinformation zu entnehmen, dass sich das gute Stück im Museum von Damaskus befindet.
Der aus dem restaurierten Objekt gezogene Schluss ist eigentlich eine fachbezogene Sensation. Doch in der Folge ist mir kein Buch, kein Aufsatz untergekommen, der sich mit der »Hochzeitsvase« auseinandergesetzt hätte. 40 Theorien zu einem Sarg, aber nur eine lächerliche Randnotiz zu einem historisch äußerst interessanten Fund – so viel zum Thema »moderne Ägyptologie« …
Dabei wäre es doppelt interessant, nähere Einzelheiten zu erfahren, weil uns auch Nofretete im Zusammenhang mit einem Auslandsaufenthalt noch beschäftigen wird. Die Reiseroute könnte jener ihrer ominösen Tochter nicht unähnlich gewesen sein. Also zurück an den Hof von Amarna.

Attentate in Achetaton: Ein wahrer Politthriller?

Wenn nicht die Pest ihren Todeshauch über das Königshaus ausbreitete, was war es dann, was die Königsfamilie zusammenschrumpfen ließ? Drang vielleicht eine Horde traditionalistischer Priester in den Palastbezirk ein, um dem Ketzer und seiner Brut den Garaus zu machen? Eine solche Aktion wäre dumm gewesen, hätte es den Widerstand der Atonisten und ihren Zusammenhalt nur massiv verstärkt. Außerdem hätten sie wohl gegen Achanjatis Garde keine Chance gehabt. So aber schwächte jeder Tag die Position der Götzenanhänger von Achetaton.

Amun hatte längst die Initiative übernommen – durch Klugheit. Man musste der Hydra nicht den unerreichbar hohen Kopf abschlagen. Vielmehr war es angeraten, den Hals vom Rumpf abzutrennen. Damit gelang es, die Hydra von der Versorgung regelrecht abzutrennen. Kopf und Hals waren dadurch ohne weiteres Zutun zum Tode verurteilt. Es galt also in erster Linie, den Nachwuchs der Ketzerfamilie auszulöschen, um künftige »Atonableger«, sprich Geburten zu verhindern. Deshalb wurden zuerst die Töchter eliminiert.

Ganz oben müssten Meritaton und die zweitgeborene Maketaton auf der Liste der Meuchler gestanden haben. Und die verstanden ihr abscheuliches Handwerk nur zu gut. Mal mag ein Schubs genügt haben oder ein fingierter Unfall beim Baden – der Fantasie sind keine Grenzen gesetzt. Jedenfalls haben wir mit diesem Konstrukt eine durchaus plausible Erklärung dafür gefunden, warum entgegen den Erwartungen die Kinder zuerst den Tod fanden, während die beiden Regenten und die übrigen Verwandten mit bereits hohem Lebensalter (zunächst) von Attentaten verschont blieben. Echnatons Töchter waren auf diesem Weg jedenfalls davon ausgeschlossen, »Aton-Nachwuchs« zu zeugen.

Ganz so einfach liegen die Dinge allerdings dann doch nicht. Es gibt eine Reihe von Indizien, die dafür spricht, dass Meritaton zum Zeitpunkt des Todes von Echnaton vielleicht noch lebte, wie wir noch sehen werden (deshalb hat sie der Verfasser in der Tabelle 7 auch mit einem Fragezeichen versehen). Wir wissen allerdings nicht »wo«. Denn sie ist eigentlich die einzige aus dem Herrscherhaus, die mit dem Mädchen, das Christiane Desroches-Noblecourt anführt, in chronologischen Einklang zu bringen ist.

Stimmt diese Theorie, wäre für sie aber der Titel »Große königliche Gemahlin« faktisch unerreichbar gewesen, denn ein Fremdländer war mit absoluter Sicherheit von Ägyptens Thronfolge ausgeschlossen. Ergo stellte sie keine Gefahr für die Amun-Anhänger dar.

Als wäre es der Verwirrung noch nicht genug, wird Meritaton sogar als kurzzeitige Alleinherrscherin in Betracht gezogen. So ist Professor Hermann Schlögl der Ansicht: »Die älteste Tochter Echnatons, Meritaton, wird Königin und regiert zuerst allein.«

An dieser Stelle reicht es! Hier weiter zu spekulieren wäre unergiebig, ja fruchtlos, denn schon morgen könnte ein neu aufgefundenes Artefakt die mit viel Zeit- und Arbeitsaufwand erstellte Theorie bereits wieder zu Makulatur werden lassen. Es ist deshalb weitaus vernünftiger abzuwarten, bis neue Fakten auf archäologischem und philologischem Weg vorliegen, dabei ist die Theorie nicht aus den Augen zu verlieren.

Außerdem haben wir da noch ein zweites Problem – den kleinen Tutanchaton. Er wie auch seine spätere Gemahlin Anchesenpaaton hätten auf der Liste der vorrangig zu Liquidierenden eigentlich ganz oben stehen müssen. Erinnern wir uns: Es galt in erster Linie, den Nachwuchs der Ketzerfamilie auszulöschen, um künftige »Aton-Ableger« zu verhindern.

Warum wurden dann die beiden »Nachwuchs-Pharaonen« dennoch verschont, könnte man fragen? Die Frage greift zu kurz. Wer kann denn mit Bestimmtheit ausschließen, dass sie nicht doch Gegenstand gezielter Überfälle wurden, diese Angriffe allerdings scheiterten oder bereits im Vorfeld vereitelt werden konnten?

Besonders Bob Brier von der Long Island University in New York propagierte in seinem gleichnamigen Buch den *Mordfall Tutanchamun*. Briers Beweisführung stand von Anfang an auf tönernen Füßen und stützte sich letztlich auf ein einziges Röntgenbild, auf dem ein Schlag auf den Kopf Tutanchatons

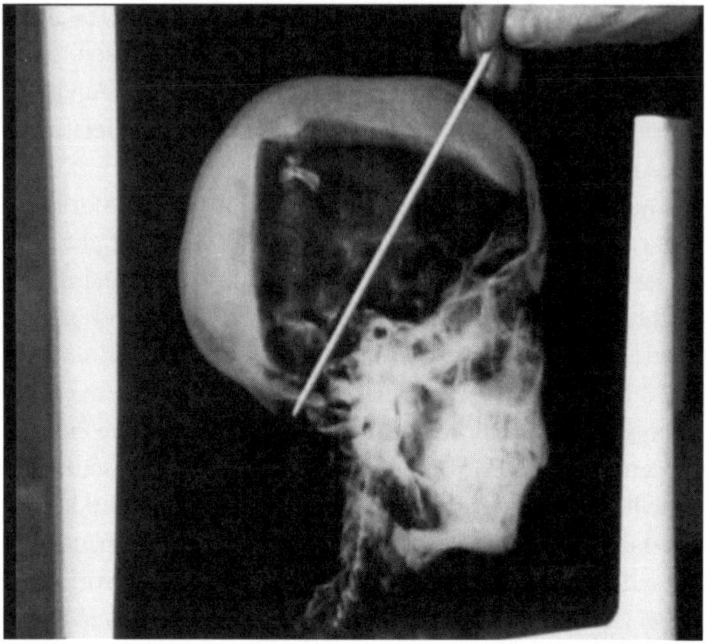

33 Starb Tutanchamun eines unnatürlichen Todes? Bob Brier, der Verfasser des Buches *Mordfall Tutanchamun*, konnte dafür letztlich keinen Beweis erbringen.

zu sehen sein sollte. Bei einer späteren Nachuntersuchung mit wesentlich modernerer Gerätschaft blieb das angebliche Loch im Schädel der Mumie Tutanchamuns allerdings unauffindbar …

Nach der hier vorgebrachten Theorie des Verfassers wäre eine Ermordung Tutanchatons auch nicht folgerichtig. Denn, viel gewichtiger als die Frage nach der Religion war, dass Tutanchaton und Anchesenpaaton effektiv die letzten Repräsentanten der Dynastie darstellten, denn spätestens als sie rechtmäßig ihre Machtinsignien Krummstab, Geißel und Kronen empfingen, muss Meritaton ebenfalls ihre Ansprüche verloren haben – zum Beispiel durch Flucht oder Ableben. Die beiden Kinder zu töten hieße, diese Königslinie zu verlieren, denn entweder hätte ein genealogisch weit entfernter Abkömmling das Sagen übernommen oder, falls ein solcher nicht vorhanden war, hätte dies das Ende der Dynastie bedeutet. Es war abzusehen, dass dann das Militär den nächsten lebenden Gott stellen würde. Daran allerdings war kaum jemandem gelegen. Gerade in dieser Phase, in der die Hethiter praktisch vor dem Sturm auf das ägyptische Kernland standen, sollte sich der Generalstab auf die Verteidigung Kemets konzentrieren und sich nicht an theologischen wie politischen Ränkespielen beteiligen.

Die Königin gibt nicht auf

Und was ist überhaupt mit Nofretete? Unabhängig von ihrem persönlichen Leid über die Todesserie wird sie sich gefragt haben, ob auch sie auf der Todesliste von Amuns Häschern stand. Bei ihrer Intelligenz wird die Königin auf diese Frage sehr bald zu einer bejahenden Einschätzung gekommen sein. Sie wusste nur allzu gut: Ihre Tage unter den (un)heilvollen Strahlen des Aton waren gezählt – gleichgültig, wie die Würfel auf dem »Brettspiel des Lebens« auch fallen würden.
Aber noch war Nofretete auf dem Platz! Und noch musste ihre Gegnerschaft mit ihr rechnen. Nefertiti war jedenfalls fest entschlossen, der Geschichte noch einmal ihren Stempel aufzudrücken.

Machtkämpfe in der Palastriege

Chaos ist schlimm. Zu keinem Zeitpunkt aber nimmt es derartige Dimensionen und Ausmaße an wie in jener Zeitspanne, die dem Beginn einer neuen Ordnung unmittelbar vorangeht. In dieser Hinsicht ist das Ende der Ära Echnaton/Nofretete bedauerlicherweise geradezu ein Paradebeispiel. Die Ägyptologie steht dem – ohne eigenes Verschulden – hilflos gegenüber. In Ermangelung von Wissen konzentriert sich die Forschung deshalb auf mehr oder minder glaubwürdige Thesen und Theorien. Exakt an dieser Stelle muss die Kritik ansetzen.

Ganze Bündel von »Eventuell-vielleicht-möglicherweise-rein-theoretisch-ist denkbar«-Papieren und -Büchern überschwemmen Jahr um Jahr die Seminare und Institute in ähnlichem Tempo wie vom Fließband rollende Automobile. Früher konnte man diesbezüglich wenigstens attestieren, dass zumindest die Ägyptologie selbst noch den Überblick behielt und nur der interessierte Laie verwundert staunte. Diese »goldenen Zeiten« sind ein für alle Mal passé. Abgesehen von jenen an einer Hand abzählbaren »Koryphäen«, die scheinbar selbstverliebt ihr »summa cum laude« auch noch in den Briefkopf stanzen lassen, ist der überwiegende Teil der Gilde inzwischen gerne bereit einzugestehen, dass sie längst nicht mehr sicher sein können, jede neue Entwicklung in der Amarna-Forschung zeitnah, geschweige denn in vollem Umfang auf den Tisch zu bekommen. Dieses Eingeständnis verdient unseren Respekt.

Bedauerlicherweise werden aus diesem Faktum nicht die entsprechenden Konsequenzen gezogen. Denn während sich von Giseh bis Assuan ganze Heerscharen internationaler Altertumswissenschaftler durch den ägyptischen Boden schaufeln, hacken und bohren, bleibt so mancher Schatz in den heimatlichen Magazinen unbeachtet (und somit unausgewertet) liegen.
Es kommt noch schlimmer: Für die nächste Forschergeneration stehen diese wertvollen Informationsträger dann im Extremfall gar nicht mehr für wissenschaftliche Untersuchungszwecke zur Verfügung, weil sie längst verrottet oder gar auf unerklärlichem Weg verschwunden sind.*
Einen derartigen Fall hat der Verfasser vor einigen Jahren selbst nachrecherchiert. Dabei ging es um ein äußerst wichtiges Fundstück in Form eines Siegelringes. Der unter dem Namen »Blanchard-Ring« in der Ägyptologie bekannte Fingerschmuck soll beweisen, dass Eje nach Tutanchamuns Tod dessen Witwe, die Nofretete-Tochter Anchesenamun heiratete, um seinerseits entsprechend den alten heiligen Riten und Gesetze den Horus-Thron besteigen zu können.
Besagter Ring ging letztlich in den Besitz der Berliner Ägyptischen Sammlung über. Dort hielt man die Kostbarkeit lieber im Keller, als sie dem interessierten Publikum zur Betrachtung im Museum zu präsentieren. Der Grund: Es waren Fälschungsverdächtigungen publik geworden. Nun, das ist nichts Ungewöhnliches in Berlin. Sogar aus den Reihen der eigenen Mitarbeiter wurde der damalige Chef der Ägyptensammlung, Prof. Dr. Dietrich Wildung, in der Vergangenheit hinsichtlich der Einordnung anderer Exponate schon massiv angegangen. Auch in Kairo war der deutsche

* Frage am Rande: Wer trägt in derartigen Fällen eigentlich die Verantwortung und wie wird der Schadensfall geregelt? Immerhin sind oft auch Steuergelder im Spiel.

Ägyptologe alles andere als gut gelitten – nicht zuletzt auch wegen seiner sturen Haltung im Konflikt um die Nofretete-Büste.

Was nun den Blanchard-Ring betrifft, so konnte der Verfasser ermitteln, dass er vor etlichen Jahren durch eine Unachtsamkeit leider in drei Teile zersprungen sein soll. Immerhin: Er war noch vorhanden und hätte restauriert werden können. Das ist heute nicht mehr der Fall. Seine Spur verliert sich im Dunkel der Berliner Museumsmagazine.

So wie in Berlin verhält es sich auch in einigen weiteren ägyptologischen Einrichtungen. Die Auswertung eigener Bestände bleibt oftmals auf der Strecke. Dabei findet sich gerade dort so manches Artefakt, das durchaus als wissenschaftliche Sensation angesehen werden darf. Ein derartiger Fund wurde erst 2009 getätigt. Das Faszinierendste daran: Er warf neues Licht auf eines der spannendsten Kapitel des Endes der Echnaton/Nofretete-Regierung, doch der Reihe nach …

Jahr 14 oder 15: Nafteta verschwindet – spurlos?

Wir wissen nicht, ob der »altägyptische Schakal« wie sein literarischer Nachfolger bei Frederick Forsyth sein blutiges Handwerk in Einzelkämpfer-Manier verrichtete oder ob gleich ein ganzes Schakalrudel die Dezimierung der Königsfamilie in Achetaton betrieb. Ja, wir wissen nicht einmal, ob Nofretete tatsächlich auf der Liste stand, wenn es die Liste denn gab.

Nicht anders verhält es sich mit ihrem Todesjahr. Die Ägyptologie hält in dieser Hinsicht eine Fülle verschiedenster Vorschläge bereit. Nachstehend eine winzige Auswahl (siehe Tabelle 8): Die schiere Wertlosigkeit derartiger Angaben wird dadurch offenkundig.

Tabelle 8

Autor	Angabe in Regierungsjahren	Publiziert im Jahr
Marc Gabolde	17y (-3?)	2005
Hermann A. Schlögl	15y	2008
Cyril Aldred	12y	1968

Im Laufe der Jahre hat der Verfasser zunehmend registrieren müssen, dass faktisch das gesamte letzte Quartal der Amarna-Ära zur Spielwiese immer neuer Thesen und Theorien verkommen ist. Wir verzichten deshalb auf den ermüdenden Vergleich der ägyptologischen Lehrmeinungen. Stattdessen wollen wir versuchen (und mehr als das kann es nicht sein!), die Ereignisse aus dem Blickwinkel der Protagonistin zu sehen.

Hier stellt sich zuerst die Frage, ob Nofretete zum Zeitpunkt von Achanjatis Tod überhaupt noch lebte. Dies wird von der Fachwissenschaft nicht selten kategorisch verneint. Als Beleg dient den Repräsentanten dieser Richtung ausnahmsweise ein Faktum: Nach dem Jahr 14 Echnatons findet seine »Große königliche Gemahlin« keine Erwähnung mehr in den uns bekannten Quellen. Viele Gelehrte haben deshalb daraus den Schluss gezogen, die Königin sei in diesem oder dem darauffolgenden Jahr verstorben.

Das ist durchaus denkbar, dabei wird nicht selten eine alte kriminalistische Binsenweisheit übersehen: Das Verschwinden einer Person bedeutet nicht zwingend, dass sie auch ihr Leben verloren hat. Nebst Krankheit, Zwist und Abdankung gibt es eine Fülle weiterer Plausibilitäten, die einen Rückzug aus allen Funktionen durchaus sinnvoll machen. So könnte es sich auch im Falle Nofretetes verhalten haben. Der Trauerschmerz um ihre verstorbene (und vielleicht sogar absichtlich getötete) Nachkommenschaft mag ein Übriges dazu beigetragen haben, dass Nofretete sich aus der Öffentlichkeit zurückzog. Kein Wunder: Wer von uns würde derartige Nackenschläge ohne psychische Blessuren überstehen?

Und »Nofretetes Gott«? Sie mag Aton die Treue gehalten haben – geliebt hat sie den von ihr maßgeblich mitgeschaffenen Gott zu diesem Zeitpunkt bereits längst nicht mehr, wie wir wohl annehmen dürfen. Ihr scharfer Verstand hatte sicherlich analysiert, dass das »Experiment Aton« gescheitert war – und zwar voll und ganz!

Nofretetes Rückzug aus dem offiziellen Leben überzeugt dennoch nicht. So groß ihr Gram auch gewesen sein mag, sie hatte andererseits noch zwei bis drei Kinder, für deren Sicherheit und Zukunft sie Sorge zu tragen hatte: Tutanchaton und seine beiden Schwestern Meritaton und Anchesenpaaton. Letztere würde eines Tages sogar in eine Inzestbeziehung mit ihrem Bruder eintreten, um die Königslinie zu sichern. Das lag ihr sicherlich sehr am Herzen, sie hatte wahrlich keine Lust, von der Geschichte auch zu den Totengräbern der Dynastie und vielleicht sogar des gesamten Reiches gezählt zu werden.

Die Herrscherfolge ließ sich – falls überhaupt – nur dann noch regeln, wenn sich während der Herrschaft Echnatons die Gefahr durch die Hethiter bannen ließ. Ob und gegebenenfalls wie lange sie an diesem Ziel mitwirkte, wissen wir nicht. Die Problematik wird im anschließenden Kapitel ausführlich zur Sprache kommen. Zuvor müssen wir jedoch klären, ob Nafteta überhaupt noch in der Lage war, ihre Vorstellungen umzusetzen. Denn es könnte durchaus der Fall gewesen sein, dass Nofretete nicht nur durch ihre äußere Gegnerschaft arg in Bedrängnis geraten war, sondern auch durch Feinde im Palastinneren.

Fiel Nofretete etwa in Ungnade?

Wir müssen uns die damalige Situation verdeutlichen: Immer mehr Abgefallene musste die Aton-Gemeinde registrieren. Tag für Tag wurden neue Namen bekannt – vertraute Namen. Da gab es den Mann in der Schreibstube ebenso wie den Nachbarn, mit dem man oft des Abends bierselige Gespräche geführt hatte. Die Resultate dieser Plauschereien mündeten immer häufiger in einem zunehmend pessimistischen Zukunftsausblick. Wie lange, fragte man sich in ganz Achetaton ernsthaft, war man vor dem angeheizten Pöbel noch sicher? So auch Raiay, unter Pharao Echnaton nicht mehr und nicht weniger als »Schatzmeister der Aton-Tempel von Achetaton und Memphis«. Dann kam die Wende und mit ihr der Niedergang des Beamten. Er verschwand wie so viele Atonisten von der Bildfläche. Aber im auffälligen Gegensatz zu vielen seiner Kollegen bekam Raiay eine zweite Chance. Unter Tutanchaton erhielt er eine neue Identität – und einen neuen Namen: Hatiay.

Die Frage nach der Zukunft haben sich mit Sicherheit auch die höchsten Würdenträger Kemets sorgenvoll gestellt. Waren Echnaton und Nofretete überhaupt noch fähig, die Amtsgeschäfte zum Wohle Ägyptens zu führen? Die Ergebnisse der diesbezüglichen Unterredungen mögen noch so unterschiedlich ausgefallen sein, eine Gruppe hielt (wenn vielleicht auch zähneknirschend) getreu zur Königsfamilie – die Streitkräfte, die ihrerseits bei Achanjati und Nafteta stets wohlgelitten waren. (Der vor allem in der Frühzeit der Amarna-Forschung postulierte Pazifismus des königlichen Herrscherpaares entbehrt jedenfalls jeglicher Grundlage, wie wir bereits festgestellt haben. Erinnert sei nur an den kleinen nubischen Feldzug im Jahr 12.)

Und doch waren die Treueschwüre nur halbherziger Natur. Selbstredend wollten die Oberkommandierenden wieder zurück zu den Zeiten der glanzvollen Eroberungsfeldzüge

früherer Pharaonen dieser Dynastie wie Thutmosis III., die sie sogar bis an die Ufer des Euphrat geführt hatten. Einer, der dies vielleicht sogar offen aussprach, war kein Geringerer als Eje. In der Tat hatte der alte Eje gute Gründe, sich auf die Seite der Armee zu stellen, denn »es spricht manches dafür«, schreibt Cyril Aldred, »dass der General Nachtmin (…) ein enger Verwandter, wenn nicht gar ein Sohn Ejes war«. Dieser wiederum schielte selbst auf den Thron des Pharao.
Falls Aldreds Mutmaßung zutrifft, hat Nachtmin die Doppelkrone von Ober- und Unterägypten nur um Haaresbreite verpasst, denn als Sohn Ejes hätte er automatisch Rang eins in der Thronfolge belegt.* Falls auch Paatonemhab auf die Doppelkrone als Zeichen des neuen Machtinhabers im Staate gehofft haben sollte, sah er sich nun einem Wechselbad der Gefühle ausgesetzt. Mal fielen seine Chancen, dann wieder stiegen sie rapide an.
Wir haben versucht, die Vielschichtigkeit der damaligen Beziehungen und ihre gleichzeitige Wechselhaftigkeit zu verdeutlichen. In der Mitte der sie umkreisenden »Haifische« stand Nofretete nebst Gemahl Echnaton. War dies der Zeitpunkt, an dem sich Nofretetes Leben jäh seinem Ende näherte? Nun, viel länger kann es nach der derzeitigen Fundlage jedenfalls nicht mehr angedauert haben.
Doch eine Überraschung hielt die Königin für ihre Widersacher im In- und Ausland noch parat. Es handelt sich dabei um die Korrespondenz einer ägyptischen Königin mit Ägyptens Feind Nummer eins, dem Hethiterführer, König Schupiliiuma. Darin schreibt die Absenderin wahrhaft kaum Vorstellbares: »Mein Gatte ist gestorben. Einen Sohn habe ich nicht, aber du hast viele Söhne. Wenn Du mir einen deiner Söhne gäbest, würde er mein Gemahl. Niemals würde ich

* Auch hier stellt sich übrigens die Frage, ob Nachtmins Ableben so kurz vor dem Tod seines Vaters wirklich purer Zufall gewesen ist …

einen meiner Diener als Gatten auswählen. Ich habe Angst. Dachamanzu.« Bevor wir uns dem ungeheuerlichen Inhalt der Botschaft zuwenden, müssen wir erst einmal den Absender dieser Nachricht ermitteln.

Wer war Dachamanzu?

Die ehrliche Antwort auf diese Frage kennen wir bereits sattsam von anderen Problemfeldern der Amarna-Forschung. Wir wissen es schlicht und einfach nicht. Denn Dachamanzu selbst ist lediglich der Ausdruck für »Königin«. Welcher Name sich dahinter verbirgt, ist weder den bisher bekannten Texten zu entnehmen noch dem erst vor wenigen Jahren ausgewerteten Brief in Keilschrift. Infrage kommen der Forschung nach überraschend viele Damen. Nofretete ist dabei klare Favoritin in Fachkreisen, weil die in dem Brief geschilderte Ausgangslage am ehesten zu ihrer mutmaßlichen Situation passt. Neben Nofretete stehen auf der ägyptologischen Spekulationsliste so bekannte Namen wie Anchesenpaaton, Kija und Meritaton.

Für Kija spricht sich Hermann A. Schlögl aus. »Die Königinwitwe Kija«, ist er der Meinung, »schrieb diesen Brief an den Hethiterkönig, um durch eine diplomatische Heirat mit einem hethitischen Prinzen die Macht zu ergreifen und gleichzeitig den Frieden zu gewinnen.«

Nicholas Reeves hingegen kommt zu dem Ergebnis: »Wenn den Argumenten von Harris (einem Zunftgenossen von Reeves/Anm. d. Verf.) Glauben geschenkt werden kann, war Dachamanzu keine andere als Nofretete selbst.«

Amarna-Experte Eric Hornung legt sich nicht fest: »(…) es bleiben nur Nofretete oder ihre Tochter Anchesenamun (geänderter Name von Anchesenpaaton/Anm. d. Verf.) für die Abfassung des Briefes übrig.«

So wenig wie wir bisher den Namen der Absenderin ermitteln konnten, so mysteriös waren bislang auch Inhalt und Zeitpunkt der Diplomatenpost. Allerdings kamen vor einigen Jahren neue Informationen zum Vorschein: Der Kanadier Jared Miller, der an der Münchner Ludwig-Maximilians-Universität lehrt, hat bisher noch nicht gesichtete Keilschriftfragmente entziffert – sechs an der Zahl, die sich allesamt um die Dachamanzu-Affäre drehen. Das halbe Dutzend Tontafeln ist ein einmaliges Bruchstücken aus den Annalen des Großkönigs Schupililiuma I., das althistorisch betrachtet, ob seiner Brisanz seinesgleichen sucht. Festgehalten hat die Annalen Schupililiumas Sohn Murschili II.

Schupililiuma staunte nicht schlecht über die Offerte. Eine Vereinigung der beiden Territorien hätte die Schaffung eines für damalige Verhältnisse unvorstellbar großen Reiches bedeutet, das im Norden bis zu den Stränden des Kaspischen Meeres gereicht und im Süden das afrikanische Nubien umfasst hätte.

Schupililiuma konnte der Versuchung letztlich nicht widerstehen. Er sandte – mit großem Gefolge – seinen Sohn Zananza an den Nil. Den freilich sollte der designierte »Hethiter-Pharao« nie zu Gesicht bekommen. Zananzas Triumphzug endete nämlich noch vor der ägyptischen Staatsgrenze. Truppen Ihrer Majestät fielen aus dem Hinterhalt über die Abgesandten her und metzelten sie mit Mann und Maus nieder.

Die hier verkürzt wiedergegebene Schilderung der Polit-Affäre macht keinen Sinn. Sowohl von ägyptischer wie hethitischer Seite aus betrachtet ist die gesamte Erzählung restlos unglaubwürdig. Da wird gerätselt, welche der Frauen nun den hochverräterischen Brief an den hethitischen Großkönig verfasst hat. Dabei steht nicht einmal fest, ob er überhaupt auf ägyptischer Seite in die diplomatischen Keilschrifttafeln geritzt wurde. Von der ganzen Staatsaffäre wissen wir nur aus hethitischen Quellen. Berichte von ägyptischer Seite – etwa aus dem Archiv des Außenministeriums von Achetaton entnommen – liegen hingegen nicht vor.

Ehrlich gesagt würde das auch ziemlich überraschen. Hätte es ein derartiges Schreiben aus den Reihen der royalen Weiblichkeit wirklich gegeben, hätte sich die Verfasserin tatsächlich des Hochverrats schuldig gemacht. Aber waren die Amarna-Frauen überhaupt in den Skandal verwickelt? Dafür gibt es letztlich keinerlei Beweis. Folgende Punkte sprechen dagegen:

- Dachamanzu ist ein Titel, kein Name.
- Keine der als Königin bezeichneten Damen hatte auch nur annähernd die Macht, den verräterischen Plan in die Tat umzusetzen, geschweige denn, ihn zu einem erfolgreichen Abschluss zu bringen.
- Die Armee, angefangen beim Oberbefehlshaber bis hinunter in die niedrigsten Truppenteile, hätte einem Hethiter als Vorgesetztem mit Sicherheit den Gehorsam verweigert.
- Die ersten Pharaonen aus Nofretetes Dynastie waren noch daran beteiligt, die eingefallenen Hyksos, Invasoren unbekannter Herkunft, unter erheblichen Verlusten aus dem Land zu jagen. Und jetzt sollte Kemet buchstäblich an einen Ausländer verschenkt werden – das war schlichtweg undenkbar! Wir greifen kaum zu hoch, wenn wir der Ansicht sind, dass die Umsetzung eines dergestaltigen Vorhabens mit Sicherheit auf allen Ebenen auf Widerstand – sogar aktiven – gestoßen wäre.
- Die »Mitglieder des Haifischbeckens« hätten in seltener Einmütigkeit zusammengestanden und alles darangesetzt (und sei es Mord!), diesen Plan aufzudecken und zu vereiteln.
- Vom Zeitpunkt seines Todes an musste der verstorbene König, so verlangten es die alten religiösen Riten, binnen 70 (Desroches-Noblecourt) oder 90 Tagen (Vandenberg) in sein Grab gebettet werden. Mehr Zeit blieb also nicht,

> um einen neuen Regenten in die Regularien der Machtübernahme einzuweihen und darauf vorzubereiten. Wie aber soll in dieser Zeit ein Bote mit dem Brief von Amarna in die Hethiterstadt Hattusa gelangt sein, dort den Brief übergeben haben, dazu seine Einschätzung abgegeben, Schupililiuma seine Entscheidung gefällt und dann seinen Sohn mit einer Eskorte und mindestens Dutzenden von Bediensteten auf die Reise an den Nil geschickt haben?

Joyce Tyldesley schätzt deshalb die Dauer der ganzen Angelegenheit auf »zwei bis drei Jahre«. Und selbstredend war auch Schupililiuma die Reisedauer an den ägyptischen Hof geläufig. Tyldesley stuft deshalb »die ganze Episode als diplomatisches Scheinmanöver« ein. Das ist gut möglich.

Dennoch kann der Autor der Ägyptologin nicht folgen. Der Grund liegt in den »Jared-Miller-Tontafeln«. Darauf finden sich zwei Passagen, die schließen lassen, dass die Hethiter mit der ganzen Darstellung nur ein peinliches Kapitel in ihrer Historie klittern wollten, es also den Kampf zwischen Hethitern und Ägyptern wohl gab, nicht aber die Offerte der Königin, einen Hethiterprinzen heiraten zu wollen.

Die erste Passage betrifft die Person »Arma'a«. Der Ägypter Arma'a soll den hethitischen Annalen zufolge bei den Auseinandersetzungen der beiden Großmächte eine spezielle Rolle gespielt haben. In der zweiten Passage geht es um den Angriff der Ägypter (vielleicht zur Befreiung Mitannis). Zwar gingen die Hethiter in ihrer Schilderung der Kämpfe selbstverständlich als Sieger aus den Treffen hervor. Aber sie gestanden ein, dass der rätselhafte Arma'a schlau vorging. Den ägyptischen Truppen gelang es, fast bis an die alte Grenze des verbündeten Mitanni-Reiches vorzustoßen. Dort wartete man bereits auf seinen Einmarsch. Doch die Hethiter versuchten, Arma'a mit einer zweiten Einheit in den Rücken zu fallen. Durch einen kühnen Schwenk gelang es Pharaos Soldaten, der Falle zu

34 General Horemhab. Durch seine kluge Heeresführung gelang es ihm, Kemet vor einem Invasionsversuch der hethitischen Erzfeinde zu bewahren.

entgehen. Der gewitzte Arma'a hatte dadurch einen respektablen Achtungserfolg erzielt.

In Ägyptologiekreisen gilt als gesichert, dass Arma'a kein Geringerer war als General Horemhab, einer der wortführenden Persönlichkeiten im »Haifischbecken«. Mutmaßlich durch diese tapfere Operation legte er den Grundstein für seine spätere Berufung zum Pharao. Aber bis dahin sollten noch etliche Jahre in das geschundene Land ziehen.

Nofretete freilich hatte zumindest ein Ziel ihrer Vorhaben in die Tat umsetzen können – die Sicherheit Kemets war nach diesem Schlag kurz- bis mittelfristig wieder gesichert.

In letzter Konsequenz fand die hethitische Invasion niemals statt. Drei Gründe waren hierfür ausschlaggebend: Zum einen kämpften die Truppen des Großreiches zu diesem Zeitpunkt an zu vielen Fronten. Die zahlreichen Waffengänge gegen

Ägyptens Provinzen, Mitanni und in der Levante-Region ließen allmählich die notwendigen Truppenkontingente deutlich unter die Sollstärken der hethitischen Heere absinken. Der nächste Punkt betrifft tatsächlich die in Anatolien und dem Nahen Osten umgehende Pest. Es bestand zu diesem Zeitpunkt für die Hethiter keinerlei Chance, einen Erfolg versprechenden Angriff vorzutragen. Schließlich bestand angesichts der inneren Situation alsbald keine Notwendigkeit mehr, Prinz Zananzas Tod zu rächen, denn die treibende Kraft hinter diesem Schlag, der vorgeführte und zum Gespött gewordene König Schupililiuma, verstarb alsbald aus unbekannter Ursache.

Ägypten hatte neuerlich geradezu unglaubliches Glück gehabt – und diese Strähne hielt weiter an. Zwar blieben die Hethiter noch etwa 40 Jahre die Erzfeinde und somit eine ständige Bedrohung an der Nordostgrenze, aber nach der Schlacht von Meggido gegen Pharao Ramses II. war das »Damokles-Schwert« vom Nil genommen, obwohl das Treffen unentschieden endete.

Pharaonin Nofretete?

In Achetaton, Nofretetes Machtzentrum, wich der ohnehin verhaltene Jubel über Horemhabs Teilerfolg bald wieder den bedrückenden Alltagssorgen. Darin inbegriffen war auch das Herrscherpaar selbst, denn Nafteta und Achanjati schwächelten besorgniserregend. Wer von den beiden starb zuerst und in welchem zeitlichen Abstand folgte der Ehepartner? Auch diese Fragen gehören zweifelsohne zu den meistgestellten in der Amarna-Forschung. Wir werden uns nicht daran beteiligen, weil die Diskussion über die Antworten auf die beiden Problemfelder noch andauert. Und daran, so steht zu vermuten, wird sich auch noch längere Zeit nichts Gravierendes ändern – es sei denn, wir finden demnächst das »ultimative Artefakt«, aus dem dann abgeleitet werden kann, wie lange Nefertiti lebte und ob sie Achanjati überlebte.

Persönlich aber geht der Autor eindeutig von Letzterem aus. Auch wenn die Königin nicht mehr in der Historie der letzten Amarna-Jahre belegt ist, gibt es doch gewichtige Gründe dafür, anzunehmen, dass sie noch »im Spiel« war.

Das erste Indiz hat in Fachkreisen eingeschlagen wie ein Blitz aus heiterem Himmel. Die Geschichte könnte als Vorlage für einen mitreißenden Archäologiethriller dienen. Sie beginnt im Sommer des Jahres 1982. Der türkische Schwammtaucher Mehmet Cakir entdeckte auf einem seiner Tauchgänge bei der Landzunge Uluburun an der Südwestküste der Türkei merkwürdige Gebilde, die er »Metallkekse« nannte. Später

35 Modell des Schiffes von Uluburun. Der vor über 3000 Jahren gesunkene Frachter enthielt überraschenderweise einen wertvollen altägyptischen Schatz.

sollte sich zeigen, dass die Metallkekse mit Sicherheit schwer verdaulich wären, denn sie gehörten zur Ladung eines Handelsschiffes aus der Spätbronzezeit, das Tonnen von Metall in dieser frühen Barrenform transportierte.

Erste Untersuchungen ergaben, dass es das längst verrottete Schiff durchaus wert war, geborgen zu werden – selbstverständlich aus rein wissenschaftlichen Gründen. Die Bergung der beispiellosen Fracht muss bei den Mitwirkenden ähnliche Erregungszustände hervorgerufen haben, wie bei jenen Personen, die in die Öffnung des Tutanchamun-Grabes involviert waren. Allerdings war der finanzielle Rahmen für die Bergung, die 1984 ihren aufwendigen Anfang nahmen, weit weniger üppig gesteckt.

Dafür fanden sich neben den Zink- und Kupferplatten beinahe sämtliche Luxusgüter der damals bekannten Welt an

Bord des einst etwa 15 Meter langen Frachtenseglers. Nützliches, gern gekauftes Altmetall kam zum Vorschein. Daneben war Therbinthenharz für den Verkauf eingelagert, ebenso wie unterschiedliche Glasware. Die Premiumfracht umfasste Straußeneier und schon damals rares afrikanisches Ebenholz bester Qualität.

Dem Bergungsteam verschlug es die Sprache vor Staunen über das, was das nach seinem Fundort Uluburun benannte Schiff freigab. Sogar eine ganze Palette an Werkzeugen und stabilen Waffen gehörte zur Ladung. Dem Ganzen buchstäblich die Krone setzte der in den Resten des Schiffes gefundene Schatz auf. Silber in nicht unerheblicher Menge sowie Elfenbein gehörten dazu. Letztlich, man stelle sich vor, fanden sich Bernsteinperlen, die aufgrund ihrer Beschaffenheit aus dem Ostseeraum stammen müssen. Luxusgüter aus Edelmetall komplettierten die (nach sage und schreibe 25 000 Tauchgängen) abgeschlossene maritime Fundsuche – zusammen mit einem altägyptischen Skarabäus aus Gold, aus purem Gold sogar.

36 Das Prunkstück des Hortes ist der hier gezeigte Goldskarabäus. Auf seiner Rückseite (oben rechts) ist der Name Nofretete zu lesen. Wissenschaftler sprechen vom »wichtigsten altägyptischen Fund außerhalb Ägyptens«.

Auf der Unterseite der Platte ist sogar der Besitzername gut lesbar eingearbeitet: Nofretete! Was wirft dieser Ring nicht alles für Fragen auf:

- Lässt sich ermitteln, von wem, wann und wo das Kleinod angefertigt wurde?
- Waren Auftraggeber und Besitzer des Goldschmucks identisch?
- Weshalb wurde der Skarabäus überhaupt auf diese gefahrvolle Reise mitgenommen?
- War der Glücksbringer gar als Geschenk für eine hohe Persönlichkeit in einem anderen Land gedacht?
- Welches Schicksal widerfuhr dem Besitzer?

Wer sich genauer mit dem Fall *Uluburun* befassen will, hat es indes nicht leicht. Die Recherche bezüglich des Goldskarabäus und der damaligen Vorgänge aus ägyptologischer Sicht ist mangels Arbeitsgrundlage zum Scheitern verurteilt. Warum schweigt auch in diesem Fall die Ägyptologie so auffällig »laut«? Dem Verfasser ist kein Nofretete-Buch bekannt geworden, in dem der stilisierte »Pillendreher« auch nur erwähnt worden wäre. Und das, obwohl an der Bergungsaktion auch deutsche Fachkräfte des Museums für Unterwasserarchäologie in Bodrum und Mitarbeiter des Deutschen Bergbau-Museums Bochum mitwirkten. Gerade in Deutschland sollte sich der Fund in Fachkreisen herumgesprochen haben.
Fest steht: Der Käferschmuck entstammt entweder dem persönlichen Besitz Nofretetes oder er wurde auf ihre Weisung hin für eine hochstehende Persönlichkeit als Geschenk angefertigt – vielleicht zum Abschied? Falls ja, zu welcher Person hatte Nofretete ein derart freundschaftliches Verhältnis entwickelt? Jede Antwort auf diese Frage wäre reine Spekulation. Werden wir das Rätsel jemals lösen können?

Der Siegelring Ihrer Majestät

Nicht minder merkwürdig ist die Geschichte eines Siegelringes – ebenfalls aus Gold gefertigt. Auch er trägt (in diesem Fall auf der Oberseite der Platte) die Namenshieroglyphen der Königin Nofretete. Auf den ersten Blick ist sichtbar, dass das Zierstück von einmaliger künstlerischer Qualität ist. Das Goldschmuckstück wurde 1882 in Tell el-Amarna in unmittelbarer Nähe des Königsgrabes gemeinsam mit anderen Pretiosen aufgefunden. Mit hoher Wahrscheinlichkeit war es im Rahmen der Umbettung der Königin nach Theben in das Tal der Könige gestohlen und dann an seinem Fundort versteckt worden. Warum der unbekannte Dieb seine Beute nicht abholte, wissen wir nicht. Schließlich fand der Ring seinen Weg nach Schottland, ins Royal Scottish Museum in Edinburgh.

Wir können durchaus davon ausgehen, dass Nafteta diesen Ring zu Lebzeiten persönlich trug – als Geschenk von König Echnaton vielleicht. Mehr wissen wir leider nicht. Könnte die Goldschmiedearbeit allerdings sprechen, würde sie so manche historienträchtige Geschichte zum Besten geben.

Der Ägyptologie ist der Fundort jedenfalls ein gewichtiges Indiz dafür, dass Königin Nofretetes Leichnam wie auch andere hoch- und höchstrangige Familienmitglieder aus Sicherheitsgründen in das gut bewachte Tal der Könige umgebettet wurde – nur wohin dort?

Wir haben hier zwei Sachverhalte vorgebracht, die verdeutlichen, dass das Ende der Amarna-Epoche nicht nur besonders vielschichtig ist, sondern dass selbst kleinste Funde lieb gewonnene Erkenntnisse vergangener Jahre wieder zum Einsturz bringen können bzw. ein neues Licht auf die jeweiligen Vorgänge werfen – auch und gerade in der Nofretete-Forschung. Dabei sind wir heute gegenüber den früheren Forschergenerationen klar im Vorteil. Neue Untersuchungsmethoden und -techniken haben gerade im letzten Jahrzehnt unser genealogisches Wissen massiv erweitert. Zu danken ist das in erster Linie interdisziplinär arbeitenden Experten und den Fortschritten bei der Untersuchung des menschlichen Erbguts.

So mag die Frage, ob wir die Mumie Nefertitis bereits gefunden haben, ungewöhnlich und unwissenschaftlich klingen. Aber genau diese Frage stellen sich Ägyptologen rund um den Globus. Einige von ihnen sind fest überzeugt: »Wir haben sie!« Um endlich Klarheit zu gewinnen, ist es notwendig, noch einmal nach Achetaton zurückzukehren. Ein allerletztes Mal begegnen wir dort der Königin des Nilreiches.

Rätselraten um die Thronfolge

Wann immer auch Nofretete letztlich verstarb, zeitgleich oder kurze Zeit danach erschien eine mysteriöse Person auf der Bildfläche. Ihr Name ist Semenchkare. Bei kaum einer anderen Persönlichkeit jener Epoche driften die Meinungen der Ägyptologen, um wen es sich dabei handelt, derart weit auseinander. Im Kern geht es bezüglich Königin Nefertiti um zwei Hauptströmungen:

Variante A: Semenchkare ist identisch mit Nofretete.

Die Vertreter dieser Lehrmeinung geben zur Begründung an: »Nur Nefertiti als Pharao Semenchkare in der kultischen Rolle als ›neuer König‹ und ihre Tochter Meritaton als Königin hatten die theologische Erfahrung und Legitimation, die Atonreligion so lange weiterzuführen, bis der designierte Nachfolger Tutanchamun das notwendige Alter haben würde.« (Habicht) Demnach wäre Nefertiti unter dem Namen Semenchkare zunächst Mitregentin von Achanjati gewesen und nach dessen Ableben sogar die alleinige Herrscherin über Kemet.

37 Kalksteinrelief mit Königin Nofretete. Rechts im Bild ist deutlich ihre Namenskartusche zu erkennen und die Bezeichnung »Herrin der beiden Länder«. Diese Titulatur war ausschließlich dem jeweils regierenden Pharao vorbehalten.

Die Anhängerschaft dieser Meinung liest sich wie ein »Who is Who« der »jüngeren« altägyptischen Archäologie. Christine El Mahdy, Joann Fletcher, Richard Harris und Nicholas Reeves.

Variante B: Nofretete war bereits tot, als Semenchkare ins Rampenlicht trat.

Als Gegner der Gleichsetzung von Nafteta mit Semenchkare haben sich unter anderem zu erkennen gegeben: Marc Gabolde, Christian Jacq sowie Hermann A. Schlögl.

Wenn solch signifikante Unterschiede in der Beurteilung ein und desselben Sachverhaltes bestehen, hat das mit dem Erstellen wissenschaftlicher Gedankenkonstrukte nichts mehr zu tun! Wo derartige Diskrepanzen zwischen den Ansichten hochkarätiger Forschergruppen bestehen, liegt die Ursache dafür häufig nicht allein in der mangelhaften Fundlage. Vielmehr kommen auch zu oberflächliche Beurteilungen und mangelhafte Auswertungen durch die »Fachleute« hinzu. Und von zu ausgeprägter Selbstkritik sind die einzelnen Ergüsse ohnehin nur in extremen Ausnahmefällen.

Für unseren Fall heißt das klar und deutlich: Ob Variante A zutrifft oder Variante B, weiß letztlich niemand zu sagen. Regelrecht zur Farce werden die Studien, wenn man die einzelnen Veröffentlichungen genauer unter die Lupe nimmt. Das heißt bezogen auf die Semenchkare-Problematik:

- Semenchkare soll der hethitische Prinz Zananza gewesen sein, der tatsächlich für maximal einige Monate das Nilland regierte.
- Semenchkare sei ein Bruder Tutanchatons (später: Tutanchamun) gewesen.
- Der Unbekannte sei ein junger Liebhaber Echnatons gewesen.
- Semenchkare soll mit Meritaton, der Erstgeborenen Nofretetes und Achanjatis, verheiratet gewesen sein.

Was sollen wir mit derartigen Angaben anfangen? Sie verwirren nur und bringen letztlich – falls überhaupt – nur sehr begrenzten Wissenszuwachs.

Halten wir uns an die gegebenen Fakten, stellt sich die Sachlage bezüglich Nofretete folgendermaßen dar: Entweder verstarb Nofretete kurz vor Echnaton oder bereits im 1. Jahr ihrer Alleinherrschaft. Ob so oder so: Nach ihrem Tode folgte eine maximal dreijährige Übergangszeit unter der Herrschaft von Meritaton oder Meritaton gemeinsam mit Semenchkare oder Semenchkare alleine.

In dieser Phase kam es zum Zusammenbruch der Aton-Religion. Da der Kult ausschließlich auf dem unmittelbaren Kontakt Echnatons zu Aton aufbaute und nunmehr auch Nofretete ihren Platz geräumt hatte, stand die Religion vor dem Aus – und mit ihr der Monotheismus.

Zu den ersten Amtshandlungen eines neuen Herrschers von Kemet gehörte die Erteilung eines Befehls zum Bau eines Grabes. Daran dürfte sich auch in der Amarna-Periode nichts geändert haben – zumal ja nachweislich eine Familiengruft für »Echnatons« vorhanden ist. Doch darin war Nofretete nicht, als man das Grab öffnete. Legte sich Nofretete noch eine eigene Felsengruft an? Joann Fletcher jedenfalls, mit der wir uns noch eingehender befassen werden, hält dies für wahrscheinlich. Sie geht von einer Neuanlage für Nafteta in Achetaton aus. Sollte sich Derartiges eines Tages bewahrheiten, wäre das natürlich eine Sensation.

Der Verfasser kann sich mit dem Gedanken nur schwer anfreunden. Der Grund: Längst war den antiken »Insidern« klar, dass Achetaton über kurz oder lang dem Untergang geweiht war. Außerdem wurden vor Wut über die ökonomischen Verhältnisse in Ägypten bereits die ersten Übergriffe des Mobs registriert. Dabei wurde auch Nofretetes Name an einigen Bauten regelrecht ausgemeißelt oder mit Mörtel beschädigt. Nein, auf Dauer konnte die Pharaonin hier keine Ruhe finden, denn das Volk hatte aufgehört, seine Königin zu lieben.

Was wurde aus Meritaton und Semenchkare (wenn es ihn denn jemals gab)? Eigentlich gab es keinen Unterschied zur Situation Nofretetes. Auch sie regierten mit Sicherheit unter permanenter Lebensgefahr. Dabei rekrutierte sich ihre Gegnerschaft gewiss nicht nur aus den Reihen der Traditionalisten. Auch militante Aton-Anhänger dürften aus Zorn über den vollkommenen Niedergang ihres »einzig wahren« Gottes zutiefst erbost gewesen sein. Dass sich in dieser vergifteten Atmosphäre gewaltbereite Killerkommandos zu Racheaktionen zusammenfanden, kann nicht ernsthaft überraschen.

Hinzu kommt, dass Semenchkare eine vorsichtige Annäherungspolitik an die irdischen Repräsentanten des ägyptischen Pantheon betrieb. Federführend nahm hier selbstverständlich ein Mitglied des Amun-Klerus an den Unterredungen teil. Ging ihm die Restitution letztlich nicht rasch genug vonstatten? Semenchkare jedenfalls beabsichtigte offenbar tatsächlich, alles daranzusetzen, den Führungsanspruch Atons in der Götterwelt durchzusetzen. Damit allerdings hat er weder sich noch der Sache einen Dienst erwiesen. Denn die Traditionskleriker beharrten auf der Wiederherstellung der Situation von vor dem theologischen Umsturz. Die zwar schrumpfende, aber noch immer vielköpfige Anhängerschaft Atons wird kaum dazu bereit gewesen sein, ihrerseits klein beizugeben. Dementsprechend geht der Autor davon aus, dass der »Gordische Religionsknoten« mit dem Schwert entzweit wurde.

Achetaton: Der Letzte macht das Licht aus

Damit stand die vielleicht erfolgreichste Königsdynastie vor der Auslöschung. Der neue Pharao, Tutanchaton, erblickte in Tell el-Amarna das Licht Atons. Sowohl er wie auch seine

Schwester Anchesenpaaton waren, wenn wir ihre Abbildungen betrachten, sehr sympathische Erscheinungen. Nach dem »Verschwinden« Semenchkares nebst Gemahlin war das royale Duo ein echtes »Aushängeschild«. Auch die Traditionalisten konnte mit den beiden letzten Nachkommen Echnatons und Naftetas gut leben, denn niemand wollte diese äußerst erfolgreiche Dynastie auslöschen. Im Gegenteil: Dieses noch im Kindes- bzw. Jugendalter stehende Paar ließ durchaus Hoffnung aufkommen, alsbald an die ruhmreichen Tage der Dynastie anknüpfen zu können.
Umgeben von gewitzten Beratern – zu denen selbstverständlich auch der nunmehr bereits als betagt zu bezeichnende Eje gehörte – ging das Tutanchamun-Team an die Lösung der Probleme. Sie stellten einen regelrechten Maßnahmenkatalog zusammen, der auch gleich den entsprechenden Aktionsplan beinhaltete. Auf einer Stele dokumentierte Tutanchamun seine Vorhaben: Nach seiner bereits vollzogenen Namensänderung und dem Regierungsumzug von Amarna in den alten thebanischen Palast ließ der Knabe wissen, er sei »ein vollkommener Herrscher, der für den Vater aller Götter (höchstwahrscheinlich ist hier der Gott Amun gemeint/ Anm. d. Verf.) Gutes tut. (…) Der wieder aufbaut, was an Tempeln und Denkmälern zerstört wurde. (…) Denn als seine Majestät als Herrscher erschien, da waren die Tempel der Götter und Göttinnen von Elephantine bis hin zum Delta in Gefahr, vergessen zu werden.«
Selbstverständlich handelt es sich bei den obigen Zeilen nur um einen kleinen Ausschnitt aus dem Gesamttext. Eines aber wird deutlich: Amun gewann allmählich seine alte Vormachtstellung in der noch immer vielköpfigen Götterwelt der Ägypter zurück.
Man kann sich unschwer vorstellen, wie derartige Nachrichten auf die in Achetaton verbliebenen Aton-Aktivisten gewirkt haben müssen. Die Stadt war zwar noch teilweise

bewohnt, aber das »Brasilia« des Alten Ägypten verkam zusehends zur »lebenden Ruine«.

Doch der von beiden Seiten erwünschte Erhalt der Dynastie gelang nicht. Tutanchamun starb mit ca. 18 Jahren. Lange hielt sich die Mär von seiner Ermordung. Sie fußte auf einem einzigen Indiz. Auf einem Röntgenbild älterer Machart war ein Loch im königlichen Schädel zu sehen. Fotos, aufgenommen erst vor wenigen Jahren mit einem modernen Computertomografen, und spätere Desoxiribonukleinsäure-Analysen (DNA) konnten nicht bestätigen, dass es jemals einen »Mordfall Tutanchamun« gegeben hat. Das Loch in Tuts Schädel existiert nicht. Der König, das schien damals sicher, wurde Opfer einer Entzündung. Zwischenzeitlich werden aber auch an diesem Ergebnis Zweifel angemeldet.

Anchesenamun, Tutanchamuns mutmaßliche Schwestergattin und dritte Tochter Nofretetes, ist verschollen. Weder kennen wir ihr Grab noch haben wir ihre Mumie. Es ist möglich, dass sie dreimal verheiratet war. Gesichert ist ihre Ehe mit Tutanchamun. Es gibt auch Hinweise darauf, dass sie vor dieser Verbindung schon mit ihrem Vater verheiratet gewesen war und danach noch ein drittes Mal heiratete – Eje, dem sie dadurch die Pharaonenwürde übertrug und sicherte. Einziger Beleg dieser dynastisch motivierten Maßnahme ist der bereits erwähnte, verschollene »Blanchard-Ring«, auf dem nebeneinander die Kartuschen von Eje und seiner »Großen königlichen Gemahlin« eingraviert sind. Im Echtheitsfall wäre der Ring ein gewichtiges Indiz für die Verbindung der beiden.

Eje starb nach längstens vier Regierungsjahren – und mit ihm die ruhmreiche 18. Dynastie. Denn sein Nachfolger hatte nach dem heutigen Kenntnisstand auch nicht den geringsten Tropfen dynastischen Blutes in sich. Die Rede ist von Horemhab, der so erfolgreich und ergeben agierte.

38 Pharao Horemhab (rechts) und der Reichsgott Amun in einem Standbild vereint. Die Darstellung bestätigt mehr als tausend Worte den letztlich totalen Triumph der traditionellen Gottheiten.

In Büchern über Nofretete und Echnaton wird von dem General gelegentlich ein übertrieben negatives Bild gezeichnet. Hierzu nur ein Satz: Bislang hat ihm noch niemand einen Verrat am Königshaus nachweisen können. Seine Regentschaft wurde früher der Heirat mit der Nofretete-Schwester namens Mutnedjemet zugeschrieben. Jüngere Forschungen ziehen das in Zweifel. Wie dem auch sei: Horemhab gab dem Reich vor allem im Inneren neue Stabilität. Er schuf die Voraussetzungen für die neuerlich anstehenden Waffengänge mit den Hethitern, die seine Nachfolger Sethos I. und Ramses II. zu bestehen hatten.

Somit bleibt letztlich nur noch die Frage nach dem Verbleib von Nofretetes Grab und Mumie – verbunden mit der Hoffnung, nach dem Königsschatz des Tutanchamun auch einen veritablen Königinnenhort zu entdecken. Auch Ägyptologen sind überzeugt: Der »Amarna-Mann« weist den Weg …

Damit verlassen wir aber das antike Ägypten. Nofretete war tot, aber ihre Büste hatte Bestand. Jahr um Jahr verbrachte sie in den Ruinen von Tell el-Amarna. Ihren Weg in die Hände der Berliner Ägyptologie haben wir skizziert. Aber damit ist die Geschichte der Büste noch lange nicht zu Ende erzählt. Wagen wir uns also an den dritten und letzten Teil des wechselhaften Daseins der Schönheit vom Nil.

III. Teil
Die Nachkriegszeit

Nofretetes Grab: Der »Amarna-Mann« weist den Weg

Jahre-, ja jahrzehntelang sucht man inzwischen nach den sterblichen Überresten Nofretetes. Auch Nicholas Reeves hat seine wissenschaftliche Tätigkeit diesem Ziel gewidmet. Doch wo sollte der Archäologe ansetzen? Die Auswahl war leicht und schwer zugleich. Folgende Möglichkeiten standen zur Debatte:

- Nafteta wurde in Achetaton beigesetzt.
- Die Königin ruht in einer eigenen Anlage im Tal der Könige.
- Oder kennen wir bereits ihre letzte Ruhestätte?

Dass Nafteta in Achetaton beigesetzt wurde, ist sehr wahrscheinlich. Doch beließ man es dabei? Ihr in Grabesnähe aufgefundener Siegelring zusammen mit den anderen dabei zum Vorschein gekommenen Schmuckstücken scheint Gegenteiliges zu dokumentieren. Denn je mehr Einwohner der Stadt den Rücken kehrten, desto größer wurde die Gefahr von Plünderungen. Irgendwann wurden mit Bestimmtheit auch die letzten Wachen aus der ehemaligen Hauptstadt abgezogen. Diese These ist durchaus nicht neu und wird von einigen Teilen der Fachwelt durchaus akzeptiert.

Doch wohin wurde Nofretete im Verbund mit den anderen Angehörigen ihrer Familie transportiert? Eine Überlegung besagt, dass man die Königin nirgendwo besser unterbringen konnte als im Tal der Könige. Um diese Annahme gewissenhaft auf Herz und Nieren einer Prüfung unterziehen zu können, gründete Nicholas Reeves ein eigenes Projekt.

Das *Amarna Royal Tombs Project*

Mit dem *Amarna Royal Tombs Project* (ARTP) wollte Reeves beweisen, dass Nofretete nach ihrem Tode ihre letzte Ruhestätte nicht in Amarna gefunden hat, sondern im Tal der Könige – wie die meisten der anderen Potentaten. Pharao Tutanchamun, so die Annahme von Dr. Reeves und seinem ARTP-Team, ließ deshalb in dem geheimnisvollen Wadi auf der thebanischen *West-Bank* kleine zusätzliche Gräber in den Boden schlagen, um die reich bestatteten Mumien wieder unter wirksamen Schutz vor Grabräubern und Leichenfledderei zu stellen. So weit, so gut, doch wo befand sich das aussichtsreichste Forschungsgelände?

Nach intensivem Quellenstudium einigte man sich auf ein Suchgebiet, das sich unmittelbar westlich an das Grab KV 9 (Ramses VI.) anreiht und dem Grab KV 10 auf der anderen Seite des Gehweges direkt gegenüberliegt.

Dort setzte Nicholas Reeves 1998 den Spaten an, ebenso 1999. Um es gleich zu sagen, die ersehnte Stufe auf dem Talgrund, die den Zugang zu einer Gruft signalisiert hätte, kam in dieser Zeit sehr zum Leidwesen aller Beteiligten nicht zum Vorschein. Aber es konnten doch einige hoch interessante Stücke geborgen werden. Darunter befand sich eine Scherbe, die den Namen einer bis dahin unbekannten Königin kundtat – Tayay. In welcher Verbindung stand diese Dame zum Tal der Könige? Ist sie, was nicht selten vorkam, dort bestattet worden? Oder ist das Artefakt nur Teil einer beschädigten Grabbeigabe?

Der wohl wichtigste Fund des ARTP-Teams ist ein Ostrakon, eine Steinscherbe. Diese Platte ließ Reeves' Herz einen Augenblick höherschlagen: Auf ihr ist ein Mann zu erkennen. Das Besondere daran ist, der Abgebildete stellt einen Schreiber, Beamten oder Priester mit einer Papyrusrolle dar – aufgemalt in bestem Amarna-Stil! Angeblich ist noch nie zuvor ein Ostrakon aus jener Zeit und dieser Stilrichtung in Biban

39 Blick in das legendäre Tal der Könige. Hier suchten bereits mehrere Teams, darunter auch die ARTP-Mannschaft um Nicholas Reeves, nach dem Grab der Königin Nofretete.

el-Moluk, wie das Königsgräber-Tal im Ägyptischen genannt wird, zutage gefördert worden. Wirkte der »Amarna-Mann« an den Vorbereitungen für die Bestattung eines Mitgliedes des Königshauses aus Achetaton mit – am Ende gar an der Umbettung Nofretetes?

Die Wahrscheinlichkeit jedenfalls ist gar nicht so gering. Aber die Fragen bleiben unbeantwortet, denn 2002 musste Nicholas Reeves das ARTP abrupt einstellen. Der Felddirektor war in den Verdacht der ägyptischen Behörden geraten, an illegalem Antiquitätenhandel mitzuwirken. Es dauerte gut ein halbes Jahrzehnt, bis die Vorwürfe gegen den Ägyptologen fallen gelassen wurden.

Das Schlimmste daran war freilich, dass der ARTP-Direktor zum Zeitpunkt seiner Ausweisung aus Ägypten längst eine bedeutende Entdeckung gemacht hatte – das Grab KV 63. In aller Heimlichkeit und Stille war es ihm nämlich gelungen, modernste Technik zum Einsatz zu bringen: Seine »Geheimwaffe« war ein Bodenradarmessgerät. Diesen Fund hat Reeves den Medien gegenüber in Form einer E-Mail schriftlich bestätigt: »Ja, es stimmt. Mein *Amarna Royal Tombs Project* lokalisierte das Grab zuerst.«

Allerdings hatte er seine Radarfotos zunächst zurückgehalten. So entdeckte offiziell ein Mitglied einer Gruppe von US-Archäologen unter der Leitung von Otto Schaden KV 63. Später stellte sich heraus, dass es sich bei KV 63 nicht wie angenommen um ein neues Grab handelte, sondern um ein Sargdepot. Tatsächlich fanden sich in der unfertigen Kammer über ein halbes Dutzend von teilweise kunstvoll gestalteten antiken Leichenbehältern. Aber nirgendwo fand sich eine identifizierbare Spur von Nofretete oder zumindest ein Hinweis auf ihren möglichen Verbleib. Auch das ARTP-Unternehmen wurde bis zum heutigen Tage nicht wieder aufgenommen. Es bleibt somit eine Randnotiz in den Annalen des Tals.

Hawass tritt auf den Plan

Eine andere Person trat ins Rampenlicht und verlagerte den Fokus des Interesses wieder auf die Berliner Nofretete. Es handelt sich um keinen Geringeren als Zahi Hawass, den bis Sommer 2011 »allmächtigen« Staatsminister für ägyptische Altertümer. Zahi Hawass ist eine polarisierende Persönlichkeit. Groß war die Zahl seiner Anhänger, noch größer aber wohl die Zahl seiner Gegner, die ihn abfällig auch »Ägyptens letzten Pharao« nannten. Dennoch verfügt er über hervorragende Kontakte – nicht nur in Ägypten, sondern rund um den Globus. Wohl auch deshalb wurde er vom vielbeachteten *Time Magazine* bereits 2006 auf die Liste der hundert einflussreichsten Persönlichkeiten der Welt gesetzt.

Über den »Büstenpoker«, die Rückforderung der Nofretete-Büste von Seiten Ägyptens mit Hawass als treibender Kraft, haben wir ausführlich in Teil I berichtet. Inzwischen ist in dieser Angelegenheit Ruhe eingekehrt. Nur: Für wie lange?

Die Eröffnung des neuen Ägyptischen Museums auf dem Giseh-Plateau steht zwar nicht unmittelbar an, dennoch erhofft sich Kairo bereits heute von deutscher Seite, die Büste wenigstens für ein Jahr als Leihgabe geschickt zu bekommen. Doch das Misstrauen in Berlin ist groß. »Ist die Büste erst einmal in Kairo angekommen, sehen wir sie nie wieder«, äußerte dem Verfasser gegenüber ein bekannter Ägyptologe.

Die ägyptischen Gesprächspartner sind freilich auch nicht auf den Kopf gefallen. In der Vergangenheit haben sie schon mehrfach ein ganzes Maßnahmenbündel für den Fall angekündigt, dass ihren Wünschen nicht entsprochen wird. Dazu gehören unter anderem: der Entzug von bestehenden Grabungslizenzen und die Verweigerung von Ausgrabungsgenehmigungen für zukünftig geplante Projekte. Im Drohkatalog enthalten waren zudem die Ablehnung sämtlicher Anfragen nach Leihgaben von publikumswirksamen Objekten für altägyptische Ausstellungen in Deutschland und als letztes Mittel der vollständige Abbruch der ägyptologischen Beziehungen auf unbestimmte Zeit.

Und das ist längst nicht alles. Sämtliche ägyptologischen Vorträge deutscher Wissenschaftler, um nur noch ein weiteres Druckmittel aufzulisten, könnten im Ernstfall rigoros untersagt werden.

Dass das *Supreme Council of Antiquities* (SCA) längst keine leeren Phrasen mehr drischt, wie mancher Altertumsforscher noch vor wenigen Jahren geglaubt haben mag, hat es bereits in der Vergangenheit eindrucksvoll unter Beweis gestellt. So geschehen im Jahr 2009. Damals zeigte das SCA, dass mit ihm in bestimmten Angelegenheiten nicht gut Kirschen essen ist.

Ein ums andere Mal hatte Zahi Hawass die Ägyptenabteilung des Louvre um Herausgabe von vier (oder fünf, wie andere Quellen wissen wollen) Wandbildern gebeten, die das Pariser Museum im Jahr 2000 für gutes Geld erworben hatte. Daran ist eigentlich nichts Verwerfliches. Auf den Plan rief Hawass der Umstand, dass die Franzosen die wertvollen Antiken angekauft hatten, obwohl sie genau wussten, dass es

sich dabei um Diebesgut aus dem Grab eines Mannes namens Tentaki handelte. Illegal verschacherte Objekte sollen aber internationalen Vereinbarungen zufolge an das Ursprungsland zurückgegeben werden.
Deshalb zeigte sich Hawass den Parisern gegenüber von seiner unfreundlichen Seite. Zunächst beließ es das SCA bei der Absage eines bereits genehmigten Vortrags. Dann wurde eine neue Grabungslizenz für Frankreich auf dem bekannten altägyptischen Friedhof von Sakkara verweigert. Der Streit gipfelte im Einfrieren sämtlicher Kontakte zum Louvre.
Was dann folgte, ist bis heute geheim. Und das, was nach außen drang, stammt aus zweiter Quelle. Offenbar aber kamen die ägyptologischen Institutionen beider Seiten nicht mehr weiter. Nun mussten die höchsten politischen Instanzen einen Weg aus der Sackgasse finden. Deshalb hielten die Staatschefs beider Nationen, Hosni Mubarak und der Franzose Nicolas Sarkozy, eine Telefonkonferenz ab, heißt es. Angeblich haben die Malereien inzwischen längst wieder ihren Weg zurück in die Heimat gefunden …
Wir sehen: Der »Waffenstillstand« hinsichtlich Naftetas Büste kann sich jederzeit als kurze »Feuerpause« herausstellen. Beide Seiten wären also gut beraten, den momentanen Burgfrieden zu nutzen, um in die hitzige Atmosphäre etwas Abkühlung zu bringen. Doch anscheinend wird in dieser Richtung nichts unternommen. Eine diesbezügliche Anfrage des Verfassers in Berlin erbrachte nur die Auskunft, es gebe »in der Angelegenheit keinen neuen Sachstand«.
Besonders traurig scheinen die Ägypter der »Post-Hawass-Ära« darüber allerdings nicht zu sein. Am Nil hat man andere Probleme. Wie soll man das antike Erbe vor Übergriffen, Plünderung oder gar Zerstörung bewahren? Wäre es nicht eine achtungsvolle Geste, wenn sich Deutschland bei der Lösung dieser Probleme ein bisschen mehr als bisher beteiligen würde?

Der Fluch der Mumie: Nofretete bereits gefunden?

Der Begriff »Sensation« wird heutzutage geradezu inflationär verwendet. Auch und insbesondere im Zusammenhang mit Entdeckungen aus der Zeit des Alten Ägypten. Oft entpuppt sich die Sensation als kalter Kaffee – nicht so allerdings am 8. Juni 2003. Was die Altertumswissenschaftler an diesem Tag in London mitzuteilen hatten, war tatsächlich eine. So verkündete die deutsche Nachrichtenagentur *dpa*: »Britische Archäologen haben bei Untersuchungen in Ägypten nach eigenen Angaben möglicherweise die Mumie der Königin Nofretete entdeckt.« Die Teamleiterin, Dr. Joann Fletcher von der University of York, prognostizierte aufgrund der gesammelten Indizien: »Mit Sicherheit wird die Entdeckung weitreichende Folgen für die ägyptologische Forschung haben.«

Das *Supreme Council of Antiquities* (SCA) hatte dem York-Team erstmals gestattet, drei eventuell infrage kommende Mumien im Tal der Könige nach Möglichkeit zu identifizieren. Die Gruppe arbeitete deshalb seit Februar für einschlägige Untersuchungen und Analysen in Ägypten. Dabei habe man, nach Angaben von Stephen Buckley, zahlreiche Beweise für die Auffindung von Nofretetes sterblicher Hülle gefunden. Allerdings, schränkte Buckley ein, könne es bei der Identifizierung »keine absolute Sicherheit« geben.

Doch diese Einschränkung half auch nichts mehr. Die Nachricht schlug regelrecht wie eine Bombe ein. Zahlreiche Kollegen schüttelten den Kopf über das unprofessionelle Vorgehen Dr. Fletchers. Sie hatte sich damit sowohl gegenüber dem allmächtigen SCA als auch in der Kollegenschaft blamiert. In Deutschland echauffierte sich besonders der Berliner Ägyptologe Rolf Krauss. Seiner Ansicht nach war Fletchers Behauptung nichts anderes als »unseriös«. Immerhin nahm er das von den Briten vorgelegte Material unter die Lupe, bevor er sich selbst ein Urteil bildete. An dergestaltiger Objektivität und wissenschaftlicher Vorgehensweise ließ es so manch anderer Zunftgenosse freilich missen.

Allerdings hatten sich Fletcher und Buckley den Aufruhr der Forschergemeinde selbst zuzuschreiben, denn indem sie vor die Presse traten, verstießen sie gegen einige in der Gilde durchaus bekannte ägyptologische »Spielregeln«. Demzufolge ist vor Weitergabe der gesammelten Informationen an die Medien immer und zuerst das SCA zu unterrichten. Erst danach wird in einem zweiten Schritt – in der Regel kooperativ – festgelegt, in welcher Form der Öffentlichkeit gegenüber verfahren wird. Wie sich herausstellte, hatte Fletcher herzlich wenige Gegenargumente.

Verfolgen wir kurz ihren Forschungsgang. Am Anfang ihrer Untersuchungen stand die uns bereits bekannte These, im Rahmen des Auszugs aus Achetaton habe man die dort in den Felsengräbern ruhenden toten Angehörigen der Königsfamilie nach Theben-West verlegt, wo sie in vorbereiteten Gräbern oder aber einer Cachette, also einem Mumiendepot, wieder gut vor Plünderern geschützt werden konnten. Wenn dem so gewesen ist, sollte Nefertiti irgendwo im »Tal« zu finden sein – eine Einschätzung, die bereits von Nicholas Reeves bekannt ist. Dr. Fletcher war also nicht die wissenschaftliche Initiatorin dieser Annahme.

Auch die darauf aufbauenden Thesen stammen ursprünglich nicht von ihr. Entwickelt hatte sie nachweislich die Forscherin Marianne Luban in einem vielbeachteten, 1999 im Internet publizierten Artikel mit dem Titel *Do we have the Mummy of Nefertiti?*.

Die Grundannahme ist jedenfalls bei den beiden Engländerinnen gleich. Beide gingen davon aus, dass sich Nofretete unter den noch verbliebenen Mumien befinden müsse, die man bereits in der Antike im Grab des Pharao Amenophis II. (KV 35) in einer Nebenkammer eingemauert hatte.

Die dort eingelagerten Körper wurden von Joann Fletchers Team in schweißtreibender Arbeit untersucht. Immer mit von der Partie: *Discovery Channel*, der das York-Team finanzierte. Dabei konzentrierte Fletcher ihre Untersuchungen auf die Mumie KV 35YL. Dies aus einem einfachen Grund: KV 35EL und die dritte Mumie konnten es nach damaligem Wissensstand nicht sein. Fletchers Kollegin, Dr. Susan James von der Cambridge University, hatte 2001 die Behauptung aufgestellt, dass es sich bei der »Elder Lady« um Nofretete handeln müsse. Diese These hatte man allerdings anhand von neuesten DNA-Analysen widerlegen können. KV 35EL mit der Registraturnummer CG* 61070 ist nach menschlichem Ermessen mit Sicherheit *nicht Nofretete*, sondern Teje. Denn im Falle der Exkönigin liegt DNA-Material nicht nur von der Mumie vor, sondern wir sind auch im Besitz einer Haarlocke, die sich in einem Döschen fand, welches man Tutanchamun mit ins Grab gelegt hatte. Die Untersuchungen weisen eindeutig darauf hin, dass die »Elder Mummy« die Vorgängerin Nofretetes in der Funktion der »Großen königlichen Gemahlin« gewesen ist.

Auch die dritte Mumie kam nicht infrage, da sie männlich ist. Folglich wählte Fletcher die »Younger Lady«.

Der Informationssender *Discovery Channel* wollte eine objektive Abbildung des rekonstruierten Kopfes erstellen. »Rein

---

* Zum besseren Verständnis eine kurze Anmerkung: Sämtliche im Ägyptischen Nationalmuseum registrierten Artefakte und sonstigen Objekte werden zur Katalogisierung mit einer sogenannten »CG-Nummer« versehen. Hierbei steht CG für *Catalogue Général des Antiquités Égyptiennes du Musée du Caire*. D. h.: Unter der jeweiligen Nummer ist das betreffende Stück im Ägyptischen Nationalmuseum registriert.

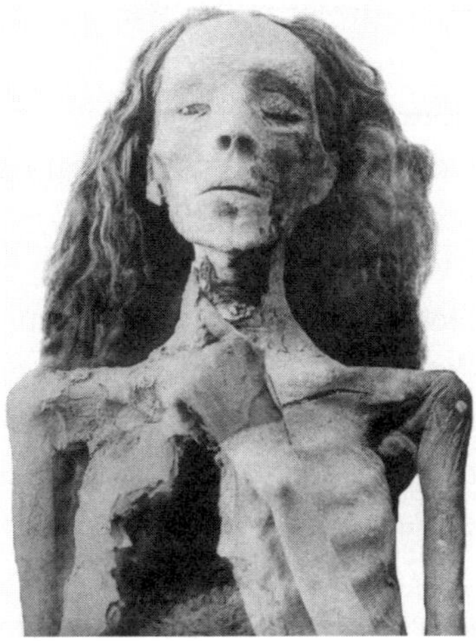

40 Mumie KV 35EL war gemäß verschiedenen Untersuchungen dereinst die altägyptische Königin Teje.

zufällig« kam dabei ein Kopf heraus, der, nachdem man noch die obligaten Utensilien wie Stirnband und Halsschmuck cursortechnisch hinzugefügt hatte, der »Berliner Büste« wahrlich nicht unähnlich war. Allerdings auch nicht mehr. Ähnliche Computerbilder gibt es auch von zahlreichen anderen ägyptischen Darstellungen. Sie sind fraglos von Wert für die Ägyptologie, andererseits aber darf man ihre Bedeutung auch nicht überschätzen. Der US-Fernsehsender allerdings lobte das Ergebnis der Analysen in höchsten Tönen – und somit auch die exakte Arbeit der Ausgräberin.

Fletchers persönlicher Exodus

Ihre These, KV 35YL sei Nofretete, stellte Fletcher auf besagter Pressekonferenz vor. Die von ihr vorgelegten Indizien riefen Gegenwind durch die Kollegenschaft hervor. Es wurden Plagiatsvorwürfe laut. Dabei waren selbstverständlich auch die Ausführungen von Marianne Luban und von Dr. James Diskussionsgegenstand.

Es kam letztlich, wie es kommen musste: Die Hawass-Behörde verhängte für Vergehen bei der Feldarbeit und Verstöße gegen die Konzessionsvorschriften drakonische Maßnahmen. Das gesamte Team der University of York musste seine Arbeiten in Biban el-Moluk komplett einstellen. Wie das SCA ergänzend verlautbarte, wurde insbesondere Joann Fletcher, als der für die Mumienuntersuchungen zuständigen Person in der York-Gruppe, vorgehalten, Fehlinformationen über den jüngsten Stand der Nofretete-Forschung – noch dazu exklusiv – an den Fernsehsender *Discovery Channel* weitergegeben zu haben.

Nachdem so den Vorschriften Genüge getan war, schaltete sich Zahi Hawass persönlich in den Vorgang ein. Er übertrug umgehend die weiteren Arbeiten einer von ihm eingesetzten Forschungsmannschaft. Erste Ergebnisse der gewissenhaften Untersuchungen stellten im Juni 2007 die Radiologen Hany Amer und Ashraf Selim vor. Mumie KV 35YL war zum Zeitpunkt ihres Todes demnach zwischen 22 und 45 Jahre alt. Ferner hatte die Messung des Hüftumfangs ergeben, dass die Dame zu Lebzeiten Kinder in die Welt gesetzt hat. Doch das war längst nicht alles.

Mord und Totschlag

Die spannendsten Resultate aber sollten erst noch folgen. So erbrachte die Begutachtung der Toten, dass KV 35YL mehrere Kieferfrakturen aufwies und auch die Zähne durch massive Fremdeinwirkung zu Schaden gekommen waren. Keine Frage: Sollte die Mumie Nefertiti sein, hat die Königin durch Fremdeinwirkung ihr Leben verloren.

Allerdings wohl kaum durch die Einwirkungen auf ihr Gesicht. Buchstäblich den Todesstoß versetzt haben dürfte der Einbalsamierten eine Wunde, die wie eine sehr tiefe

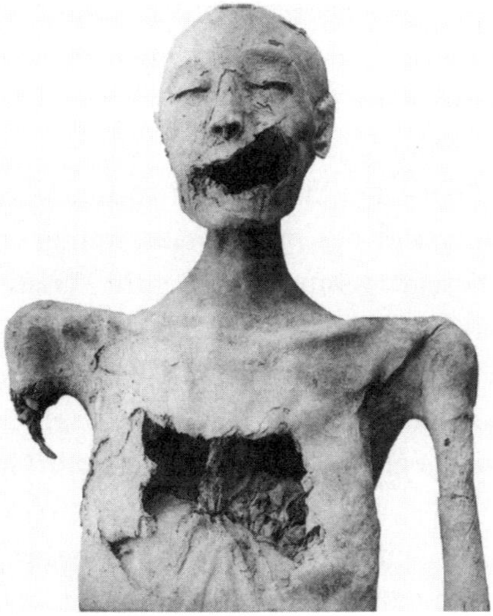

41 War Mumie KV 35YL tatsächlich Nefertiti? Falls ja, ist sie einen grausigen Tod gestorben.

Stichwunde aussieht. Falls wir in Mumie CG 61072 wirklich die Königin zu sehen haben, behält letztlich Joann Fletcher doch noch recht. In dieser Einschätzung ist sie nicht allein: Auch der Ägyptologe Michael Habicht kam am Ende seiner Forschungen zu dem Resümee: »Alle erörterten Untersuchungsergebnisse lassen die Annahme zu, dass wir die Mumie ›Younger Lady‹ als Nefertiti identifizieren dürfen.«
Aber man sollte nicht darauf wetten, denn gemäß neuerer ägyptischer Erkenntnisse ist KV 35YL keinesfalls die Nofretete-Mumie, als die sie häufig angesehen wird. Vielmehr hat es den Anschein (jedenfalls nach ägyptischer Lesart), als werde uns die geheimnisvolle Mumie noch einige Zeit begleiten, denn heutzutage ist von einer 22 bis 45 Jahre alten Dame kaum mehr die Rede. Vielmehr heißt es aus Kairo: Die Mumie sei die eines »16-jährigen Mädchens«. Sollte diese Auskunft durch künftige Analysen Bestätigung finden, hat sich die Frage, ob CG 61072 identisch ist mit Königin Nefertiti, von selbst erledigt.
Was für eine neuerliche Blamage der Ägyptologie! Da werden aufwendige Feldexkursionen unternommen, da werden

teure Analysen auf internationaler Ebene vorgenommen – und am Ende ist man keinen einzigen Schritt weiter als zuvor. Man muss es sich wirklich vor Augen führen: 30 Jahre Differenzspanne allein bei der Altersbestimmung! Das haben ältere Obduktionen bei anderen Leichen auch schon ermittelt, und das mit weitaus weniger Aufwand. Ob angesichts dieser Ergebnisse der Begriff »Wissenschaft« überhaupt noch zur Anwendung kommen kann?

Leute wie Zahi Hawass haben anscheinend in dieser Richtung keinerlei Hemmungen. Bis zu seiner unfreiwilligen Ablösung setzte er unbeirrt seine Jagd auf Grab und Mumie Nofretetes fort. Nicht nur zu diesem Zweck hat er bereits vor geraumer Zeit die im ägyptischen Besitz befindlichen Pharaonenmumien und die ihrer nächsten Verwandten der »Nationalen Sicherheit« unterstellt. Als der Verfasser erstmalig darüber berichtete, wurde er der »Lüge und Sensationshascherei« bezichtigt. Zwischenzeitlich aber hat Carsten Pusch von der Universität Tübingen dem Autor gegenüber den Vorgang bestätigt. »Ja, das stimmt«, sagte er. »Die Königsmumien unterstehen der Nationalen Sicherheit. Dem ist definitiv so.«

Auch seine Feldaktivitäten hat Hawass nicht nur beibehalten, wie die »Fletcher-Affäre« gezeigt hat. Nein, Hawass verstärkte sogar noch die Aufwendungen für die Suche. Nach sorgfältiger lokaler Analyse setzte er gleich vier ägyptische Teams (gleichzeitig) im Tal der Könige auf Nofretete und andere prominente Mitglieder ihrer Familie, wie zum Beispiel die Begräbnisstelle ihrer Tochter, der nachmaligen Königin Anchesenamun, an.

Wirklich Interessantes ist bislang dabei offensichtlich nicht herausgekommen – jedenfalls hat das SCA dergleichen nicht öffentlich mitgeteilt. Aber das ist nichts Außergewöhnliches. Selbst in allerjüngster Vergangenheit wurden Ausgrabungen im Tal der Könige bis zu einem Jahr nach ihrer Auffindung der Öffentlichkeit nicht zur Kenntnis gebracht. So auch bei der letzten Entdeckung im »Tal«, KV 64, dem Grab einer Tem-

42 Geschäftiges Treiben im Tal der Könige: In unmittelbarer Nähe zur Gruft Tutanchamuns versuchen gleich mehrere Grabungsteams weitere königliche Ruhestätten ausfindig zu machen – darunter auch die Nofretetes.

peltänzerin. Baseler Ägyptologen hatten die Gruft eigenen Angaben zufolge genau am »Tag des Zorns« der ägyptischen Revolution, also am 11. Januar 2011, lokalisiert. Aufgrund der eskalierenden Umstände zogen es die Schweizer Altertumsforscher vor, bis zur Klärung der Lage auf weitere eingehende Untersuchungen zu verzichten. Erst im Frühjahr 2012, als man davon ausgehen konnte, dass man das Grab ausreichend geschützt hatte, erfuhr die Welt von der Existenz der Anlage KV 64. Die Erwartungen waren hochgeschraubt. Doch bis jetzt ist nicht wirklich Spektakuläres zutage gekommen.
Auch der Jagd auf Naftetas sterblicher Hülle ist weiterhin kein Erfolg beschieden. Aber denken wir zurück: »Der Amarna-Mann weist den Weg.« Irgendwann werden wir seine einfache und dabei doch kunstfertige Zeichnung richtig interpretieren können und, wer weiß, vielleicht als Folge davon, Aug' in Aug' mit der Fürstin stehen – so wie jetzt mit ihrer weltbekannten Büste.

Autoren, Agenten, Ägyptologen

In den vorangegangenen Kapiteln sind zum besseren Verständnis für den Leser die Ergebnisse der bisher veröffentlichten DNA-Analysen (soweit sie Nofretete betreffen) eingeflossen. Mithilfe der unter anderem aus den Zellkernen gewonnenen mannigfachen Erkenntnisse lassen sich zum Beispiel Verwandtschaftsbeziehungen ermitteln oder auch Krankheitsformen.

Die DNA-Analyse galt jahrelang und gilt noch immer als »Heiliger Gral« der aktuellen Mumienforschung. Der Zeitabschnitt, in dem Nefertiti lebte, die Amarna-Periode, ist zwischen September 2007 und Oktober 2009 als Teil des *King Tutankhamun Family Project* (KTFP) Gegenstand der entsprechenden Untersuchungen gewesen. Im April 2007 kündigte der *Egypt State Information Service* die Installation eines speziellen Labors für DNA-Untersuchungen im Kairener Nationalmuseum an, um die äußerst komplexen Maßnahmen durchführen zu können. Unter dem chronologischen Aspekt ergibt sich bis hierher folgender zeitlicher Ablauf:

Tabelle 9

Datum	Maßnahme
Ende April 2007	Ankündigung der Einrichtung eines DNA-Labors
September 2007	Beginn des *King Tutankhamun Family Project* (KTFP)

Datum	Maßnahme
Oktober 2009	Abschluss der KTFP-Ermittlungen
Oktober 2010	Veröffentlichung eines *Teils* der Analyseergebnisse

Wie der Leser unschwer am Ende der Tabelle erkennen kann, ist es bei der Teilveröffentlichung geblieben. Fakt ist, dass ein Insider den Autor bereits vor Monaten dahingehend informierte, dass »ausschließlich die Tutanchamun-Analyse« vollständig der Öffentlichkeit zugänglich gemacht worden sei.* Wenn das auch nur annähernd den Tatsachen entspricht, taucht unwillkürlich die Frage auf, wie die Gemeinschaft der Ägyptologen überhaupt arbeiten kann, wenn ihr Informationen im großen Stil vorenthalten werden. Der Umgang, das sei hier gar nicht in Abrede gestellt, mit den Teilinformationen kann selbstverständlich auch zu interessanten Resultaten führen. Die Arbeit damit wird freilich nur in den seltensten Fällen auf Dauer gesicherte Ergebnisse erbringen. So eine Vorgehensweise ist unwissenschaftlich in höchster Potenz.
Gleichwohl ist das nur die eine Seite der Medaille. Weitaus bedeutender wäre eine ehrliche Aussage, warum sich das *Supreme Council of Antiquities* derart unkollegial verhält. Es ist wirklich kaum zu fassen, wie sich die Ägypter zu Hawass' Zeiten benommen haben, aber teilweise auch noch danach gegenüber Kollegen benehmen. Die Vokabeln Solidarität und Kollegialität könnten hier mittelfristig Wunder wirken.
Doch zurück zu unserer Geschichte. Wie der Autor erst kürzlich erfuhr, läuft gegenwärtig hinter den Kulissen eine Camouflageaktion, wie man sie selten erfährt. Das geht skizzenhaft aus einem brisanten Dokument hervor, das er aus einer absolut zuverlässigen Quelle erhalten hat. Das Papier

* Und selbst das wird mittlerweile hinter vorgehaltener Hand angezweifelt.

hat sechs verschiedene Themenkreise zum Inhalt. Einer davon befasst sich mit dem Problem der Zusammenführung der Ergebnisse von DNA-Analysen mit archäologisch gewonnenen Erkenntnissen. Darin beklagt die verfassende Person, dass die erste »Amarna-Untersuchung«, gemeint ist die Untersuchung der zugehörigen Mumien aus dieser Epoche, noch nicht einmal vollständig auf dem Tisch liege, dafür aber bereits eine *zweite Testreihe* durchgeführt wurde, durch die die *Resultate von Testreihe 1 zum Teil schon wieder Makulatur* sein sollen. Doch damit nicht genug.
Bei einem Nord-Ost-Treffen, das der Informant* kürzlich mit einer weiteren ägyptologischen Fachkraft gehabt habe, wurde er von dieser, wie weiter nachzulesen ist, just darüber in Kenntnis gesetzt, dass auch diese zweite, noch geheim gehaltene Studie quasi bereits nicht mehr der Erkenntnis letzten Schluss darstelle, denn, man höre und staune: Es existiere bereits eine dritte Untersuchung, an der auch deutsche Wissenschaftler mitwirkten. Der Informant des Autors war sogar in der Lage, beispielhaft zwei, drei neue Erkenntnisse zu benennen, die wohl als gesichert gelten dürfen. Die interessantesten davon betreffen Nafteta. Die Königin ist demnach nunmehr als Tochter des »Gottesvaters« Eje anzusehen. Und der rätselhafte Semenchkare wird den Ausführungen nach als Bruder Nefertitis eingestuft. Letzteres stellt eine echte Sensation dar – vorausgesetzt die Ergebnisse entsprechen den Tatsachen.

Etwas ist faul im Staate Ägypten

So weit der Inhalt der mündlichen wie schriftlichen Informationen. Es ist kaum fassbar: Da gibt es mindestens zwei, vermutlich sogar drei neue DNA-Analysen der vorhandenen

---

* Der Begriff »Informant« ist hier geschlechtsneutral zu sehen.

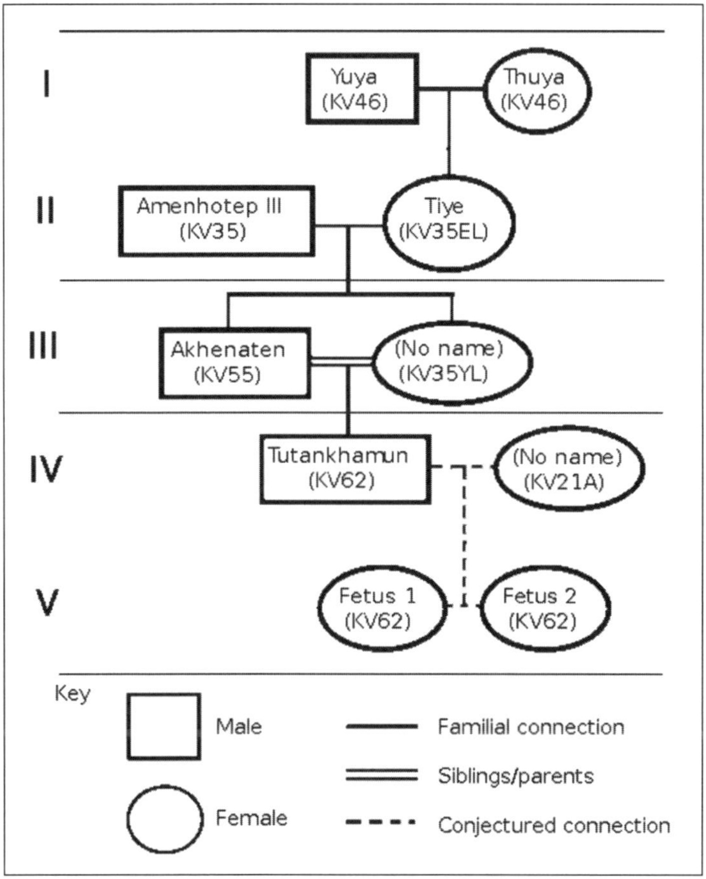

43 Original-Abdruck aus einer Pressevorlage über die Ergebnisse des *King Tutankhamun Family Project*. Demnach war Nofretete wahrscheinlich die Schwester Echnatons (siehe Generation III). Doch die Resultate wurden durch mehrere neuere Untersuchungen angeblich massiv infrage gestellt.

Mumien aus der Amarna-Zeit, von denen die breite Öffentlichkeit keinen Schimmer hat. Das wirft Fragen auf. Immerhin ist die deutsche Beteiligung sogar schriftlich dokumentiert. Warum also diese Geheimniskrämerei? Welcher »Part« kommt bei den gentechnischen Ermittlungen den deutschen Teammitgliedern zu? Welche neuen oder bestätigenden

Erkenntnisse hat man gewonnen? Wie gehen die Forschungen weiter? Sind Nachfolgeprojekte geplant und falls ja, mit welchen Zielen? Woher kam das DNA-Material für die Analysen der jeweiligen Pharaonen und Königinnen? Werden die Forschungen ganz oder teilweise mithilfe öffentlicher Gelder durchgeführt? Wann und mit wem fanden die Verhandlungen über eine Mitwirkung deutscher Experten statt?

Der DNA-Experte Carsten Pusch weiß von alledem nichts. Er ist selbst ganz überrascht und fragt zielgerichtet: »Woher wollen die bloß das Material für die Analysen haben?« Das fragen wir uns auch. Es wird langsam Zeit, die Schleier über den Inkognito-Untersuchungen zu lüften. Vielleicht erfahren wir dabei auch Neues über das Leben der Nofretete. Gleichgültig, welche Haltung der Einzelne auch immer zu dieser Handlungsweise einnimmt, sind wir doch alle dazu aufgerufen, uns diese Bevormundung und Ausgrenzung nicht gefallen zu lassen.

Dass an der ganzen Sache etwas mächtig faul ist, geht auch aus Tabelle 9 hervor. Von der Ankündigung der Einrichtung des DNA-Labors in geheimen Räumen im Untergeschoss des Ägyptischen Museums in Kairo Ende April 2007 bis zum wissenschaftsreifen Einsatz im Rahmen des KTFP im September desselben Jahres sollen maximal vier Monate ins Land gezogen sein. Den Bären lasse sich aufbinden, wer will. Das ist doch regelrechte Volksverdummung! Man stelle sich das konkret vor:

- Abschluss der Verträge mit allen beteiligten Personen, Institutionen und Unternehmen
- Erstellung eines Zeitplans für den Beginn und die Dauer der einzelnen Auf- bzw. Einbaumaßnahmen
- Erprobung und Justierung der Gerätschaften
- Aufbau der Logistik
- Versorgung des Personals
- Dokumentation und Beschaffung der Analyseproben

Diese Beispiele sollen genügen, um darzustellen, dass dieses Vorhaben unmöglich binnen vier Monaten zur Einsatzreife geführt worden sein kann. Wenn alles komplikationslos abgelaufen sein sollte, hatte man in dieser Zeitspanne bestenfalls die Vorverträge unter Dach und Fach.

Das untermauern auch die Angaben zu Beginn und Abschluss des *King Tutankhamun Family Project*. Volle zwei Jahre nahmen die Messungen, Vergleiche und Kontrollen in Anspruch. Hinzu kam ein Jahr für die Erstellung der jeweiligen Berichte sowohl durch die einzelnen Teammitglieder als auch der gesamten Gruppe.

Dabei ist die Problematik der »Nationalen Sicherheit« noch gar nicht angesprochen worden. Was eigentlich hat die ägyptische Seite zu dieser einmaligen Aktion veranlasst? Und was genau hat es damit auf sich? Im Sommer 2009 machten Gerüchte die Runde, Zahi Hawass habe angeordnet, sämtliche Ergebnisse der Mumienanalysen nicht zu publizieren. Hawass nannte als Beweggrund für diese Direktive die nicht auszuschließende Gefährdung der nationalen ägyptischen Sicherheit.

Der ägyptische Antikenminister hat stets bestritten, Derartiges geäußert zu haben. Zwischenzeitlich aber hat ein ehemaliger Untergebener des Ministers öffentlich die nicht verstummen wollenden Gerüchte bestätigt und sogar noch Unglaubwürdigeres, aber nicht zu Widerlegendes zu diesem Themenkomplex geäußert. Demnach soll Hawass aus unbekannten Gründen in diesem Bereich sogar mit dem berühmt-berüchtigten israelischen Geheimdienst Mossad kooperiert haben. So habe das »Mumienkommando« des Mossad im Ägyptischen Museum Handlungen und Manipulationen an den dort untergebrachten Königsmumien vorgenommen. Niemand weiß etwas über deren Art, Zweck und Ausgang – und Hawass ist so schweigsam wie Mumie KV 35YL …

… noch geheimnisvoller: Die Mumie KV 35YL befindet sich gar nicht mehr im Tal der Könige! Es handelt sich dabei genau um jene Mumie, die sich quasi wie eine Art roter Faden durch dieses Buch zieht. Das nimmt nicht wunder, steht KV 35YL doch in starkem Verdacht, die sterbliche Hülle Nofretetes zu sein. Die Mumie ist unersetzlich für die Ägyptologie, kann sie doch vielleicht eines Tages zur Klärung weiterer offener Fragen der Amarna-Periode beitragen. Doch das gilt nur, wenn sie in unversehrtem Zustand bleibt. Ob das allerdings noch der Fall ist, bleibt abzuwarten.

Noch sind die Einzelheiten der Aktion nicht bekannt, aber anscheinend hat die SCA-Behörde KV 35YL (nebst der »Elder Lady«) unter dem Vorwand, die sterbliche Hülle einer umfassenden CT-Untersuchung unterziehen zu wollen, nach Kairo bringen lassen (Transportart, -weg und -dauer sind nicht bekannt). Ziel der Reise war völlig »überraschend« das Ägyptische Nationalmuseum am Tahrir-Platz.

Zu dem Zeitpunkt, als diese Information den Autor erreichte, war selbst im hochgelobten Internet kein Wort über die »Aktion KV 35« zu finden. Bis zur Manuskriptabgabe dieses Buches wurde kein Wort darüber publik. Gänzlich verschollen ist KV 35YL zum Glück nicht: Fakt in den vergangenen Monaten war, dass »Younger Lady« und »Elder Lady« friedlich nebeneinander im Mumiensaal des Museums schlummerten. Das hat sich KV 35YL auch redlich verdient, gleichgültig, um wen es sich dabei handelt. Denn ihr Weg seit ihrer Entdeckung im Grab von Amenophis II. nach dessen Öffnung am 9. März 1898* ist allem Anschein nach ähnlich hektisch verlaufen, wie derjenige der »Berliner Büste«.

* Es existieren verschiedene Angaben hinsichtlich des Datums der Freilegung.

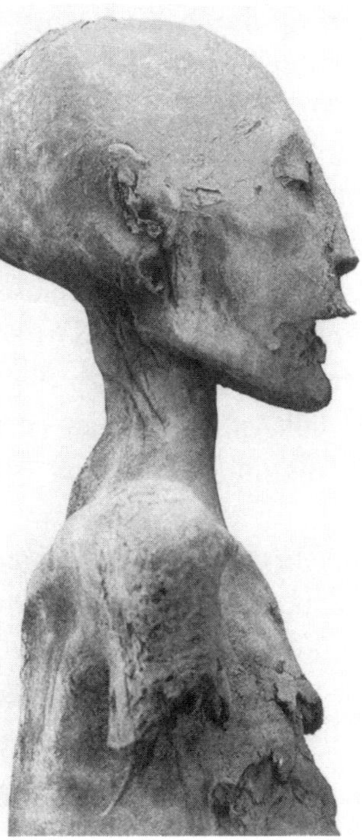

44 Mumie KV 35YL in einer Seitenansicht. Die rätselhafte Dame wurde nach Angaben aus Ägyptologenkreisen im Frühjahr 2012 in aller Heimlichkeit aus dem Tal der Könige abtransportiert.

Zumindest passierte zu dieser Zeit bereits der erste Fauxpas. Der glückliche Auffinder des Verstecks, der Franzose Victor Loret, beschrieb die Mumie nämlich als diejenige eines *Mannes*! Eigentlich sollte man meinen, dass ein gebildeter Mann wie Loret die biologischen Geschlechtsmerkmale der eigenen Gattung voneinander unterscheiden kann. Offensichtlich ist ihm dies aber nicht gelungen, wie im *Catalogue Général* (CG) des Ägyptischen Museums aus dem Jahr 1912 festgehalten wurde. Jedenfalls ist dort nachzulesen: »Die Untersuchung dieser Mumie erbrachte die überraschendsten Ergebnisse, weil Mr. Loret sie als den Körper eines Mannes beschrieben hatte.« Zahlreiche Personen, darunter auch qualifizierte Fachleute, übernahmen Lorets Einschätzung bedenkenlos, ohne selbst nachgeforscht zu haben.

Erst mit der Nachexhumierung durch Elliot Smith, einem damaligen Mumienexperten, der auch an der Tutanchamun-Ausgrabung mitwirkte, kam der Irrtum ans Licht.
Oder war es etwa gar keine Verwechslung? Sollte vielmehr eine simple, aber nichtsdestotrotz wirksame Täuschung die wahren Verhältnisse verschleiern? Bevor man auf Victor Loret mit dem Finger zeigt, könnte es durchaus lohnen, noch einmal die alten Papiere zum Vorgang CG 61072 (unter dieser Nummer katalogisierte man schließlich die Mumie) zu durchforsten. Jedenfalls fällt es leichter, an eine Vertuschungsaktion zu glauben, als an eine Verwechslung der Geschlechtsmerkmale.
Allerdings: Weiterführende Ermittlungen bringen unter anderem ein Dokument mit überaus verwirrender Aussage hervor. So schrieb besagter Elliot Smith in einem Brief an Arthur Weigall, den Chefinspektor der Altertümerverwaltung: »Sind Sie sicher, dass die Gebeine, die Sie mir geschickt haben, auch jene sind, die in dem Grab gefunden wurden? Anstelle der Knochen einer alten Frau haben Sie mir die eines jungen Mannes zukommen lassen. Da ist doch sicher irgendwo ein Fehler passiert.«
Wie konnte es zu der neuerlichen »Verwechslung« kommen? Man sieht: Schon damals hielt man *beide* Varianten, sowohl einen Irrtum wie eine absichtliche Täuschung, für möglich. So sieht dies auch Nicholas Reeves in seinem Buch *Das Tal der Könige, geheimnisvolles Totenreich der Pharaonen*, in dem die oben stehende Passage veröffentlicht wurde.
Und es werden Erinnerungen wach an den Transport der Büste nach Merkers. Man denke nur an das bis heute völlig mysteriöse »Kistlein-wechsel-dich-Spiel«, bei dem im Rahmen der Auslagerung der »Berliner Büste« diese in einem anderen Behältnis wieder zum Vorschein kam als in demjenigen, in dem sie die Flucht antrat. Daraus wird ersichtlich:

Nicht einmal wo Mumie draufsteht, ist auch zwangsweise (die richtige) Mumie drin.

Schon der Beginn der Fundgeschichte bot also vielfältige Möglichkeiten, die Mumie zu verwechseln oder gar zu vertauschen. Ähnlich spannend ging es weiter. Dabei existiert keine vollständige Erfassung der Ereignisse, die mit KV 35YL in Verbindung gebracht werden könnten. Allerdings gibt es markante Auffälligkeiten – auch und gerade von amtlicher Seite.

So erhebt sich also die Frage, ob CG 61072 nicht doch bereits in den ersten beiden Jahrzehnten des 20. Jahrhunderts eine geheime Stippvisite in Kairo absolvierte und bei dieser Gelegenheit auch gleich ihren CG-Code zugewiesen bekam. Das wäre zumindest eine der wahrscheinlicheren Varianten. Auch bestand, falls es sich so oder ähnlich zugetragen haben sollte, dort wiederum die Möglichkeit, die Mumie gegen eine andere unwichtige oder massiv beschädigte auszutauschen. Sollte dem so sein, stehen wir natürlich umgehend vor dem nächsten Fragezeichen, das da lautet: Warum wurde die »Younger Lady« dann überhaupt zurücktransportiert in die Nekropole Biban el-Moluk und an diesem heiligen Ort neuerlich eingemauert – und selbstverständlich von wem? Also gilt auch in diesem Fall wieder einmal: Man kann es drehen und wenden, wie man will, es passt einfach nichts zusammen. Und am allerwenigsten in der abgelaufenen Dekade.

In dieser konnte Joann Fletscher nach der Bewilligung ihrer »Vor-Ort-Untersuchungen« 2003 die »Younger Lady« und ihre Verwandte KV 35EL einer genauen Untersuchung unterziehen. Anschließend, wohl 2004, wurde das Versteck wieder zugemauert. Zwischen 2007 und 2009 wurde sie möglicherweise im Rahmen des *King Tutankhamun Family Project* untersucht. Im Jahr 2010 rückte dann Zahi Hawass persönlich der Dame »YL« per CT zu Leibe – also quasi mit modernstem Gerät. Praktisch mit dem Abschluss der CT-Analyse verschwand die Mumie KV 35YL urplötzlich von der Bildfläche.

»Die Mumie ist aktuell in das Ägyptische Museum verlegt worden.« Die Person, die das dem Verfasser auf Anfrage mitteilte, kennt sich aus und unterhält erstklassige Beziehungen zu den Mitarbeitern der ägyptischen Antikenbehörde. Der Konfident, ergab neuerlich die Verifikation, sprach die Wahrheit.

Leider verfügte auch der Informant über keine weiteren Zusatzinformationen. Doch auch ohne detailliertere Angaben ist der Vorgang als solches höchst interessant. Welche Motive mögen hinter der Aktion stecken? In diesem Zusammenhang verwenden die Wissenschaftler sehr gerne Begriffe wie Vergleichsuntersuchungen, Vergleichsanalysen oder Vergleichsmessungen. Hat dergleichen stattgefunden, könnte darin eine reale Ursache dafür bestehen, dass gegenwärtig so viele DNA-Analysen »vagabundieren«.

Wem in diesem Kontext das Team von Carsten Pusch in den Sinn kommt, wird jedoch umgehend *positiv* enttäuscht. Der Genetiker hat jede Untersuchung in Abständen mindestens zweimal vorgenommen, um seine Ergebnisse zu verifizieren. Wie gewissenhaft Pusch die Sache anging, kann er auch mit einer weiteren Maßnahme untermauern. »Neben den hausinternen Kontrollen, die, wie gesagt, im Rahmen von zwei Testreihen stattfanden, haben wir unsere Ergebnisse aber auch außer Haus durch ein zweites Labor bestätigen lassen.« In Sachen Überprüfungstests benötigt Dr. Pusch also nun wahrlich keinen Nachhilfeunterricht – offensichtlich im krassen Gegensatz zur ägyptischen Altertumsforschung.

Und es nimmt kein Ende

Die Irrationalität in der Ägyptologie treibt weitere Blüten: Die kompetente und versierte Journalistin Susanne Mauthner-Weber vom österreichischen Blatt *Kurier* führte in diesem Zusammenhang 2012 ein aufschlussreiches Interview mit dem derzeitigen Generaldirektor des Ägyptischen Nationalmuseums am Tahrir-Platz in Kairo, Herrn Sayed Hassan. Eine ihrer Fragen lautete: »Vor einiger Zeit wurden DNA-Analysen an Königsmumien durchgeführt. Ist angesichts der instabilen Lage an die Fortsetzung der Arbeiten zu denken?« Sayed Hassans Antwort ist erschütternd und gleichzeitig ein bestätigendes Dokument ägyptologischer Camouflagepraxis. Die Antwort des Direktors: »Wir mussten die Arbeiten stoppen – es ist zu unsicher. Vielleicht können wir nach den Wahlen weitermachen.«

Man muss den Satz wirklich zweimal lesen, um die ganze Dimension dieser Aussage zu begreifen. Da beklagt einer der führenden Ägyptologen des Landes, dass die Lage so instabil sei, dass an eine Fortsetzung der DNA-Analyse gegenwärtig nicht zu denken sei. »Vielleicht können wir nach den Wahlen weitermachen«, gibt er seiner Hoffnung noch vagen Ausdruck.

Oder ist das alles nur Tarnung? Sayed Hassan soll nämlich kein Geringerer als jener Mann sein, der die Mumie KV 35YL aus dem Grab Amenophis' II. in Theben-West bergen und von dort aus nach Kairo überführen ließ. Seine Aussagen sind einfach weder schlüssig noch stimmig. Auf der einen Seite beklagt er die notwendige Aussetzung eines erheblichen Teils der Forschungstätigkeiten und auf der anderen Seite lässt er in sein Museum eine Mumie überführen, die vielleicht noch nicht einmal zum engsten Kreis der Königsfamilie zählt. Darüber verliert der Museumsdirektor der Journalistin gegenüber freilich kein einziges Wort. Offenbar unterliegen die Königsmumien der Angehörigen der 18. Dynastie noch immer der »Nationalen Sicherheit« des Landes.

Warum, fragt man sich unwillkürlich, lässt das *Supreme Council of Antiquities* in diesen schwierigen Zeiten derart gefährliche, kostenintensive und letztlich vollkommen überflüssige Aktionen vornehmen? Sayed Hassans Begründung: »Ich habe da einige Mumien aus Luxor im Sinn, die ich gerne herbringen würde, um Proben zu entnehmen, DNA-Analysen und CT-Scans durchzuführen.«

Aber erinnern wir uns: Es sollen ja bereits zwei, drei oder gar vier Untersuchungen vorgenommen worden sein, über deren Ergebnisse die Öffentlichkeit bis jetzt nicht unterrichtet worden ist.

Falls die Ägyptologie so weitermacht, kann man (leider!) in aller Ruhe darauf warten, dass sie eines Tages so viele Geheimnisse angehäuft haben wird, dass sie selbst zu einem Top-Secret-Vorgang wird – und das nicht einmal mehr selbst bemerkt …

Epilog
Die Ermittlungen gehen weiter

Die »Akte Nofretete« ist noch nicht abgeschlossen, sie liegt offen auf dem Tisch und wartet geduldig auf Wiederaufnahme bzw. Fortführung des Verfahrens. Die ist auch dringend vonnöten. Zu viele Fragezeichen haben sich sowohl in den Jahrtausenden wie auch in den letzten 100 Jahren aufgetürmt. Aus der Summe der zu klärenden Fragen ergeben sich folgende vorrangigen Handlungskomplexe: Beendigung des deutsch-ägyptischen Konfliktes um den endgültigen Standort der Büste und Offenlegung sämtlicher Akten, Papiere und Dokumente über die DNA-Analysen des Herrscherclans von Amarna.

In diesen Kontext gehören auch die Ermittlungen im Zusammenhang mit der Überführung der Dame KV 35YL sowie die Untersuchungen über die angeblich vom *Supreme Council of Antiquities* initiierten Machenschaften des israelischen Geheimdienstes Mossad an den Königsmumien im Ägyptischen Nationalmuseum von Kairo.

Selbstredend sind die genannten Bereiche lediglich Beispiele, um aufzuzeigen, dass im »Fall Nofretete« noch immer erheblicher Klärungsbedarf besteht. Welche Höhepunkte oder schmerzlichen Enttäuschungen damit auch verbunden sein mögen, sie alle werden dazu beitragen, diesen Zeitabschnitt der Menschheitsentwicklung besser zu verstehen und den bekannten Satz »Wir müssen aus der Vergangenheit für die Zukunft lernen« Realität werden zu lassen.

Anhang

Danksagung

Zugegeben: Es geht langsam, manchmal sogar enervierend langsam, aber die Zahl derer, die mich mit Briefen (ja, so etwas gibt's noch), aber auch per E-Mail mit Reaktionen auf meine Ausführungen bedenken, steigert sich stetig. Ihnen allen sei aufrichtig gedankt.
Selbstverständlich beinhalten diese Reaktionen auch kritische Denkansätze, die jedoch weit hinter der Zahl jener Schreiben zurückbleiben, die ich für mich als positiv und konstruktiv verbuche. Für beide Varianten danke ich verbindlich.
Selbstredend sind es Briefe wie der nachfolgend wiedergegebene, die zeigen, dass immer mehr Interessierte meine Anliegen richtig verstehen und einzuordnen wissen. Der Verfasser des Schreibens ist ein junger europäischer Ägyptologe. Er schrieb am 19. März 2012 an den Autor: »Ihre Publikation über die Art und Weise, wie unter der Ägide von Zahi Hawass ›Ägyptologie‹ (und anderes) betrieben wurde, war überfällig. Ich kann Ihnen zu Ihrem Mut nur gratulieren, da sich bisher kaum noch jemand aus der Forschung gegen den allmächtigen ›Pharao des SCA‹ aufgelehnt hat (...).« Zu danken hat in diesem Fall nur eine Person, nämlich meine Wenigkeit. Und wer weiß: Vielleicht wird dieser Forscher in 20 Jahren die Position innehaben, selbst für eine glaubwürdigere, offenere Ägyptologie einzutreten – viele würden es ihm danken!

Ohne Informanten, ohne Konfidenten lassen sich beim besten Willen keine »Insider-Reporte« verfassen. Ich danke allen Zuträgern für ihre konstruktiven Erläuterungen und hochklassigen Materialien herzlich.
Und zum ersten Mal kann ich öffentlich meinem Ziehsohn Mirko danken – welch eine Freude!
Und welch ein Glück, Frau von Keller als Lektorin gewonnen zu haben. Nofretete, da bin ich mir sicher, hätte diese Wahl ebenfalls favorisiert …
Einer darf an dieser Stelle nicht fehlen: Herr Etz. Irgendwann, das weiß ich, wird er mir die Kündigung vor die Füße werfen. Aber bis es so weit ist, kann ich ihm nur für seine Geduld danken, ebenso für sein sensibles Verständnis und seine Unterstützung. Er ist wirklich Tag und Nacht da, falls es notwendig ist. Schön, dass es solche Menschen noch gibt.
Alle, die hier ungenannt bleiben, bitte ich um Nachsicht. Sie sämtlich zu erwähnen hieße, den Rahmen des Buches zu sprengen. Aber sie sind nicht vergessen, denn niemand kann besser ermessen als ich, wie engagiert sie selbstlos an diesem Projekt mitgewirkt haben.
Verfasst wurde das Ganze wie immer auf der »Ranch«, diesmal im Sommer des Jahres 2012.

G. F. L. Stanglmeier

Bibliografie

Aldred, Cyril: Akhenaten and Nefertiti, New York 1973
Ders.: Echnaton – Gott und Pharao Ägyptens, Bergisch Gladbach 1968
Allen, James P.: Further evidence for the coregency of Amenhotep III and IV?. In: Göttinger Miszellen 140, Göttingen 1994
Arnold, Dieter: Die Tempel Ägyptens. Götterwohnungen, Baudenkmäler, Kultstätten, Augsburg 1996
Assmann, Jan: Ägyptische Geheimnisse, Paderborn und München 2004
Ders.: Moses, der Ägypter. Entzifferung einer Gedächtnisspur, München und Wien 1998

Beckerath, Jürgen v.: Handbuch der ägyptischen Königsnamen, Mainz 1999
Beltz, Walter: Die Mythen der Ägypter, Düsseldorf 1982
Bille-De Mot, Eléonore: Die Revolution des Pharao Echnaton, München 1965
Bonnet, Hans: Lexikon der ägyptischen Religionsgeschichte, Hamburg 2000
Brier, Robert: Der Mordfall Tutanchamun, München und Zürich 1998
Brunner-Traut, Emma: Altägyptische Märchen, München 1989
Bürgin, Luc: Rätsel der Archäologie, München 2003

Cander, Robert F.: Hüter im Haus der Sonne. Echnaton-Nofretete-Tutanchamun, München 1979
Champdor, Albert: Das Ägyptische Totenbuch, Kult und Religion im alten Ägypten, München und Zürich 1980
Clayton, Peter A.: Die Pharaonen-Herrscher und Dynastien im alten Ägypten, Düsseldorf 1995
Collins, Andrew u. Ogilvie-Herald, Chris: Tutankhamun – The Exodus-Conspiracy, London 2002

De Garis Davies, Norman: The rock tombs of El-Amarna, 6 Bände, London 1903–1908
Derry, Douglas E.: Die Untersuchung der Mumie des Tut-ench-Amun, Anhang II. In: Carter, Howard: Tut-ench-Amun: Ein ägyptisches Königsgrab, Band II, Leipzig 1924
Desroches-Noblecourt, Christiane: Tut-Ench-Amun, Leben und Tod eines Pharao, Frankfurt 1979
Dies.: Ramses – Sonne Ägyptens. Die wahre Geschichte, Bergisch Gladbach 1997
Dodson, Aidan und Hilton, Dyan: The complete Royal Families of Ancient Egypt, London 2004

Drenkhahn, Rosemarie: Eine Umbettung Tutanchamuns?. In: Mitteilungen des Deutschen Archäologischen Instituts, Kairo 1983

Eaton-Krauss, Marianne: The Sarcophagus in the Tomb of Tutankhamun, Oxford 1993

El Mahdy, Christine: Tutanchamun. Leben und Sterben des jungen Pharao, München 2004

Fletcher, Joann: The search for Nefertiti. The true story of a remarkable discovery, London 2004

Friemuth, Cay: Die geraubte Kunst. Der dramatische Wettlauf um die Rettung der Kulturschätze nach dem Zweiten Weltkrieg, Braunschweig 1989

Gabolde, Marc: Akhenaton. Du mystère à la lumiére, Paris 2005

Grimm, Alfred u. Schoske, Sylvia: Das Geheimnis des goldenen Sarges, München 2001

Ders.: Das Geheimnis des goldenen Sarges, Reihe: Schriften aus der ägyptischen Sammlung, Heft 10, Staatliches Museum Ägyptischer Kunst, München 2001

Ders.: Das Geheimnis des goldenen Sarges. Echnaton und das Ende der Amarnazeit, München 2001

Gros de Beler, Aude: Tutanchamun, Frechen 2001

Habicht, Michael E.: Nofretete und Echnaton. Das Geheimnis der Amarna-Mumien, Leipzig 2011

Heck, Wolfgang: Ein »Feldzug« unter Amenophis IV. gegen Nubien. In: Studien zur Altägyptischen Kultur 8, Hamburg 1980

Helck, Wolfgang und Otto, Eberhard: Kleines Wörterbuch der Aegyptologie, Wiesbaden 1970

Helck, Wolfgang, Otto, Eberhard und Westendorf, Wolfhart: Lexikon der Ägyptologie, Wiesbaden u. a. 1982

Helck, Wolfgang: Das Grab Nr. 55 im Königsgräbertal. In: Sein Inhalt und seine historische Bedeutung. Hrsg. von Grimm, Alfred u. Schoske, Sylvia, Mainz 2001

Hornung, Erik: Echnaton. Die Religion des Lichtes, Zürich 1995

Ders.: Einführung in die Ägyptologie: Stand, Methoden, Aufgaben, Darmstadt 1967

Hornung, Erik: Tal der Könige. Die Ruhestätten der Pharaonen, Zürich und München 1982

Hoving, Thomas: Der goldene Pharao Tut-ench-Amun. Neueste Funde schließen eine Lücke in der Ägyptologie, Bern und München 1978

Kemp, Barry J.: Amarna Reports I–VII. Egypt Exploration Society, London 1984–1995
Krauss, Rolf: Das Ende der Amarnazeit. Beiträge zur Geschichte und Chronologie des Neuen Reiches, Hildesheim 1981
Ders.: Das Moses-Rätsel. Auf den Spuren einer biblischen Erfindung, München 2001
Ders.: Kija – ursprüngliche Besitzerin der Kanopen aus KV 55. In: Mitteilungen des Deutschen Archäologischen Institut, Abteilung Kairo 42, Wiesbaden 1986
Ders.: Nefertitis Ende. In: Mitteilungen des Deutschen Archäologischen Instituts, Abteilung Kairo 53, Mainz 1997
Kühn, Thomas: Hor-em-hab – Beamter, Staatsmann und König. In: Kemet, Jahrgang 13, Heft 2, Berlin 2004

Lauer, Jean-Philippe: Saqqara, die Königsgräber von Memphis, Bergisch Gladbach 1977
Lehmann, Johannes: Die Hethiter, Volk der tausend Götter, München, Gütersloh, Wien o.J.
Loeben, Christian E.: Eine Bestattung der großen Königlichen Gemahlin Nofretete in Amarna? Die Totenfigur der Nofretete. In: Mitteilung des Deutschen Archäologischen Instituts Abteilung Kairo 42, Wiesbaden 1986

Manley, Bill: Die siebzig großen Geheimnisse des Alten Ägyptens, München 2003
Manniche, Lise: Liebe und Sexualität im alten Ägypten, Mannheim 1988
Martin, Geoffrey T.: A bibliography of the Amarna period and its aftermath. The reigns of Akhenaten, Smenkhkare, Tutanchamun and Ay, London u. a. 1991
Ders.: Auf der Suche nach dem verlorenen Grab. Neue Ausgrabungen verschollener und unbekannter Grabanlagen aus der Zeit des Tutanchamun und Ramses II. in Memphis, Mainz am Rhein 1994

O'Farrell, Gerald: The Tutankhamun Deception, Pan Books 2001 London

Posener, Georges u. a.: Lexikon der Ägyptischen Kultur, München und Zürich 1960
Pusch, Carsten, Zink, Albert, Hawass, Zahi et al.: Ancestry and pathology in king Tutankhamun's family. In: Journal of the American Medical Association (JAMA) 303/7, Chicago February 2010

Rachet, Guy: Lexikon des Alten Ägypten, Düsseldorf und Zürich 2002
Redford, Donald B.: Akhenaten. The heretic king, Princeton 1984
Redford, Donald: Egypt, Canaan and Israel in ancient times, Princeton 2000

Reeves, Nicholas: Echnaton – Ägyptens falscher Prophet, Mainz 2002
Ders.: Faszination Ägypten. Die großen archäologischen Entdeckungen von den Anfängen bis heute, München 2001
Ders.: The complete Tutankhamun. The king, the tomb, the royal treasure, London und New York 1992
Ders.: After Tut'ankhamun. Research and excavation in the royal Necropolis at Thebes, London 1992
Reeves, Nicholas und Wilkinson, Richard H.: Das Tal der Könige. Geheimnisvolles Totenreich der Pharaonen, Düsseldorf 1997
Robins, Gay: Frauenleben im Alten Ägypten, München 1996
Rohl, David: Pharaonen und Propheten. Das Alte Testament auf dem Prüfstand, München 1996

Sabbah, M. u. R.: Les Secrets de l'Exode, Seld, Jean-Cyrille Godefroy, Paris 2000
Samson, Julia E.: Akhenaten's coregent Ankhkheperure-Nefernefruaten. Göttinger Miszellen 53, Göttingen 1982
Schlögl, Hermann Alexander: Echnaton, Reinbek 1986
Ders.: Echnaton-Tutanchamun: Daten, Fakten, Literatur, Wiesbaden 1993, 4. Auflage
Ders.: Echnaton, München 2008
Ders.: Echnaton, Tutanchamun. Daten, Fakten, Literatur, Wiesbaden 1993
Ders.: Echnaton, Tutanchamun. Fakten und Texte, Wiesbaden 1989
Schneider, Thomas: Lexikon der Pharaonen, Zürich 1994
Ders.: Lexikon der Pharaonen, München 1996
Schulze, Peter H.: Auf den Schwingen des Horusfalken. Die Geburt der altägyptischen Hochkultur, Bergisch Gladbach 1980
Sée, Geneviève: Grandes Villes de l'Egypte antique, Ivry 1974
Shaw, Ian u. Nicholson, Paul: Reclams Lexikon des Alten Ägypten, Stuttgart 1998
Stanglmeier, G. F. L. und Biffiger, Beat: Der Tut-anch-Amun-Skandal – es war alles ganz anders, Marktoberdorf 2004
Stanglmeier, G. F. L.: Versteckt, Verschollen, Vergraben. Pharaonenschätze, die noch zu finden sind, München 2005
Steindorff, Georg: Die Blütezeit des Pharaonenreiches, Bielefeld und Leipzig 1926

Tyldesley, Joyce: Ägyptens Sonnenkönigin. Biographie der Nofretete, München 1999
Dies.: Die Königinnen des Alten Ägyptens. Von frühen Dynastien bis zum Tod Kleopatras, Leipzig 2008
Dies.: Mythos Ägypten. Die Geschichte einer Wiederentdeckung, Stuttgart 2006

Vandenberg, Philipp: Der vergessene Pharao. Unternehmen Tut-ench-amun – das größte Abenteuer der Archäologie, München 1978
Ders.: Nofretete – eine archäologische Biographie, Bern u. München 1975
Ders.: Nofretete, Echnaton und ihre Zeit. Das Porträt einer glanzvollen Epoche, Bergisch Gladbach 1998
Ders.: Nofretete, Echnaton und ihre Zeit. Die glanzvollste Epoche Ägyptens in Bildern, Berichten und Dokumenten, Bern und München 1976
Ders.: Nofretete. Eine archäologische Bibliographie, Bergisch Gladbach 1991

Wedel, Carola: Nofretete und das Geheimnis von Amarna, Mainz am Rhein 2005
Weigall, Arthur: Echnaton, König von Ägypten und seine Zeit, Basel 1923
Wells, Evelyn: Nofretete – Schönheit auf Ägyptens Thron, München 1976
Wildung, Dietrich u. Hirmer, Max: Tutanchamun, München und Zürich 1980
Wildung, Dietrich: Tutanchamun, Mainz 1980
Winstone, H. V. F.: Howard Carter und die Entdeckung des Grabmals von Tut-ench-Amun, Köln 1993

Zivie, Alain: Mystery of the Sun Gods Servant. In: National Geographic, USA November 2003

Bildnachweis

Commons wikimedia.org: 1 (Didia, CC BY-SA), 2 (Philip Pikart, CC BY-SA), 3, 5, 6, 9, 12, 13, 14, 15 (Rama, CC BY-SA), 16 (Markh, CC BY-SA), 17 (Marcus Cyron, CC BY-SA), 18, 21 (Einsamer Schütze, CC BY-SA), 23, 24 (Gerbil, CC BY-SA), 25, 26, 27 (Heretiq, CC BY-SA), 28 (Captmondo, CC BY-SA) 29 (Bjørn Christian Tørrissen, CC BY-SA), 31 (Charlie Phillips, CC BY), 32, 33, 34 (Ashershow1, CC BY-SA), 35 (Martin Bahmann, CC BY-SA), 37, 38 (Jean-Pierre Dalbera, CC BY), 39 (Przemyslaw »Blueshade« Idzkiewicz, CC BY-SA), 40, 41, 43 (Captmondo, CC BY-SA), 44
Mysteries-magazin: 4; Pressefoto Siemens AG: 7, 8; Bénédicte Savoy, TU Berlin: 10; Ullstein bild: 11; Pressefoto Ägyptisches Museum Leipzig: 19; Paul S. Docherty (amarna3D.com): 20, 22; Frank Starmer: 30; Dina Dubrovskaya: 36; Petra Hannover: 42

Register